ADOLPHE JOANNE

# GÉOGRAPHIE
## DE
# SEINE-ET-MARNE

13 gravures et une carte

HACHETTE ET C$^{IE}$

# GÉOGRAPHIE

DU DÉPARTEMENT

DE

# SEINE-ET-MARNE

AVEC UNE CARTE COLORIÉE ET 13 GRAVURES

PAR

ADOLPHE JOANNE

AUTEUR DU DICTIONNAIRE GÉOGRAPHIQUE ET DE L'ITINÉRAIRE
GÉNÉRAL DE LA FRANCE

PARIS

LIBRAIRIE HACHETTE ET C<sup>IE</sup>

79, BOULEVARD SAINT-GERMAIN

1878

Droits de traduction et de reproduction réservés

# TABLE DES MATIÈRES

### DÉPARTEMENT DE SEINE-ET-MARNE

| | | | |
|---|---|---|---|
| I | 1 | Nom, formation, situation, limites, superficie. | 1 |
| II | 2 | Physionomie générale. | 2 |
| III | 3 | Cours d'eau. | 7 |
| IV | 4 | Climat. | 15 |
| V | 5 | Curiosités naturelles. | 16 |
| VI | 6 | Histoire. | 18 |
| VII | 7 | Personnages célèbres. | 30 |
| VIII | 8 | Population, langue, culte, instruction publique. | 31 |
| IX | 9 | Divisions administratives. | 32 |
| X | 10 | Agriculture. | 36 |
| XI | 11 | Industrie. | 38 |
| XII | 12 | Commerce, chemins de fer, routes. | 41 |
| XIII | 43 | Dictionnaire des communes. | 43 |

## LISTE DES GRAVURES

| | | |
|---|---|---|
| 1 | La forêt de Fontainebleau (vue prise du Gros-Fouteau). | 5 |
| 2 | Melun. | 9 |
| 3 | Moret. | 11 |
| 4 | Le Long Rocher (forêt de Fontainebleau). | 17 |
| 5 | Provins : vue générale. | 21 |
| 6 | Montereau. | 23 |
| 7 | Cour des Adieux ou du Cheval-Blanc, à Fontainebleau. | 29 |
| 8 | Coulommiers. | 47 |
| 9 | Château de Ferrières. | 49 |
| 10 | Château de Fontainebleau vu à vol d'oiseau. | 51 |
| 11 | Galerie de François I$^{er}$ (château de Fontainebleau). | 53 |
| 12 | Cathédrale de Meaux. | 57 |
| 13 | Grosse-Tour, à Provins. | 61 |

Typographie Lahure, rue de Fleurus, 9, à Paris.

# DÉPARTEMENT

DE

# SEINE-ET-MARNE

## I. — Nom, formation, situation, limites, superficie.

Le département de Seine-et-Marne doit son *nom* à un fleuve — la Seine — qui le traverse, dans sa partie méridionale, de l'est à l'ouest, et à une rivière — la Marne — qui le coupe également de l'est à l'ouest dans sa zone septentrionale.

Il a été *formé*, en 1790, de presque toute la **Brie**, qui faisait autrefois partie de l'Ile-de-France et de la Champagne (environ 200,000 hect. pour la première province et 250,000 hect. pour la seconde), et d'une portion du **Gâtinais** (145,000 hect.) qui relevait de l'Ile-de-France et de l'Orléanais.

Situé dans la région nord de la France, il est compris entre le 48° 7′ et le 49° 6′ de latitude nord, et entre 0° 3′ et 1° 13′ de longitude est. Il est donc un peu plus rapproché du Pôle que de l'Équateur. Deux départements, l'Oise et la Somme, le séparent, au nord, de la Manche; trois, la Marne, la Meurthe et Meurthe-et-Moselle, de la frontière de l'est; six, à l'ouest, de l'océan Atlantique : Seine-et-Oise, Eure-et-Loir, la Sarthe, la Mayenne, Ille-et-Vilaine et le Morbihan; enfin, au midi, sept départements : le Loiret, le Cher, l'Allier, le Puy-de-Dôme, le Cantal, l'Aveyron et l'Hérault, le séparent de la Méditerranée.

Le département de Seine-et-Marne est *borné :* au nord par les départements de l'Oise et de l'Aisne ; à l'est par la Marne et l'Aube ; à l'ouest par Seine-et-Oise, et enfin au sud par l'Yonne et le Loiret. Ses limites ne sont naturelles que sur des points très-restreints de son territoire. Il est séparé par l'Essonne des départements de Seine-et-Oise et du Loiret, sur environ 12 kil., entre Augerville-la-Rivière et un point situé au nord d'Augerville ; par l'École, du département de Seine-et-Oise, sur environ 1,500 mètres en amont de Milly ; par le Fusain, du Loiret, sur un peu plus de 1 kil. au sud-ouest de Château-Landon ; par le Loing, qui le sépare du même département sur un peu plus de 2 kil., en aval du pont de Dordives ; par l'Orvin et un autre ruisseau, du département de l'Aube, sur deux points de 1 kil. chacun ; par l'Yères, du département de Seine-et-Oise, sur un peu plus de 4 kil. en amont de Quincy et de Varennes ; par le Grand-Morin, du département de la Marne, sur environ 3 kil., et par l'Aubetin, sur environ 2 kil. ; par le Petit-Morin, du département de l'Aisne, sur environ 6 kil. en amont de Verdelot ; par la Marne, du département de l'Aisne, sur environ 6 kil. en amont de Nanteuil, et sur 1 kil. en amont de Gournay ; enfin par l'Ourcq, à son extrémité nord, de l'Oise, sur une longueur d'environ 7 kil. Partout ailleurs ses limites sont conventionnelles, c'est-à-dire tirées à travers champs sans tenir compte de la ligne droite ou des accidents du terrain.

La *superficie* de Seine-et-Marne est de 573,635 hectares ; sous ce rapport, c'est le 59ᵉ département. Sa plus grande *longueur* — du nord au sud, du point où l'Ourcq pénètre dans le département et le Fusain, au sud-ouest de Château-Landon — est d'environ 120 kilomètres. Sa plus grande *largeur* — entre Fontaine-sous-Montaiguillon et Lieusaint, c'est-à-dire de l'est à l'ouest — est de 80 kilomètres. Enfin son *pourtour* est de 310 kilomètres en négligeant les sinuosités de peu d'importance.

## II. — Physionomie générale.

Le département de Seine-et-Marne n'est point un pays montagneux. C'est, dans l'ensemble, un plateau qui a généralement plus de 100 mètres d'altitude et qui dépasse rarement 150 mètres. Ce plateau, qui porte des chaînes de collines peu élevées, est sillonné de vallées sinueuses, parfois profondes et pittoresques, presque toujours fraîches, fertiles et riantes.

La plus haute colline du département se dresse près des limites de l'Aisne, non loin de celles de la Marne, dans l'arrondissement de Coulommiers, canton de Rebais, commune de Verdelot : c'est la BUTTE SAINT-GEORGES, sur la frontière au nord de la route de Montmirail à la Ferté-sous-Jouarre. Elle a 215 mètres, une hauteur trois fois supérieure à celle de la tour de la cathédrale de Meaux (67 mètres), le monument le plus élevé du département de Seine-et-Marne; vingt-deux ou vingt-trois fois inférieure à celle du Mont-Blanc, montagne du département de la Haute-Savoie (4,810 mètres), la cime la plus élevée de toute la France, et non-seulement de la France, mais encore de l'Europe entière : abstraction faite du Caucase (5,660 mètres), chaîne d'ailleurs asiatique autant qu'européenne.

Quelques autres coteaux dépassent 200 mètres : tels sont un coteau de 209 mètres à l'est de Cocherel, sur la route de Lizy-sur-Ourcq à Château-Thierry, le coteau (203 mètres) si bien nommé de *Heurtebise*, battu par tous les vents, près de Dhuisy, sur la frontière du département de l'Aisne; une colline ayant également 203 mètres près du hameau de Balcine, commune de Saint-Martin-du-Boschet, canton de Villiers-Saint-Georges, à la lisière du département de la Marne, etc. Le point le plus bas du territoire est celui où la Seine passe dans le département de Seine-et-Oise, près de Seine-Port, au nord-ouest de Melun. Ce lieu n'étant qu'à 32 mètres d'altitude, la pente totale du département de Seine-et-Marne est donc de 183 mètres.

Le centre et même la plus grande partie du territoire du département de Seine-et-Marne forme une région naturelle célèbre par l'abondance et la richesse de ses moissons, la **Brie**, qui s'étend de la rive droite de la Seine à la rive gauche de la Marne, et dont le nom a été ajouté à celui de plusieurs villes, bourgades et villages, comme Brie-Comte-Robert, Rozoy-en-Brie; on dit même encore quelquefois Meaux-en-Brie.

La Brie, plateau parsemé de bois et de forêts, dont la sinueuse Yères est le cours d'eau central, se partage en argiles à meulières, terres imperméables, et en sols perméables où s'engouffrent de nombreux ruisseaux qui seront signalés à l'article des curiosités naturelles. Ces pertes alimentent de belles fontaines dont la principale, celle de Chailly, dans la commune de Saint-Remy-de-la-Vanne, sur la rive gauche du Grand-Morin, est probablement la plus abondante de tout le bassin de la Seine. La monotonie de ce plateau est chaque jour constatée par les voyageurs qui vont de Paris à Provins et de Combs-la-Ville à Melun, sur le chemin de Paris à Lyon; mais la Brie est riche, si elle n'est ni variée ni pittoresque; on y rencontre de beaux villages, des fermes magnifiques, de vastes forêts, d'agréables vallons. C'est à tort qu'on l'a souvent comparée à la Beauce; la Brie, peut-être moins fertile en grains, est bien autrement variée que le « Grenier de Paris »; elle a plus d'arbres, plus de collines et surtout plus de sources, de ruisseaux, de rivières.

Au nord de la Marne s'étend un autre plateau, qui va se rattacher, dans l'Oise, à la haute plaine du Valois; au-dessus de la rive droite de l'Ourcq, ce plateau s'appelle MULTIEN, plus à l'ouest, il s'appelle GOËLE; ce sont deux de ces petits pays de l'ancienne France dont les noms, qui se transmettent encore de génération en génération, ont entièrement disparu de la nomenclature officielle, sauf dans certaines désignations de villes et de villages, comme, par exemple, Dammartin-en-Goële, May-en-Multien.

En amont de Melun, à partir de Moret, la vallée de la Seine sépare la Brie d'un pays dont les sables sont formés de la décomposition du grès, pays aride, altéré, sec, où le botaniste s'étonne de rencontrer çà et là, dans certaines expositions privilégiées, des végétaux qui croissent généralement sous des latitudes moins froides, au midi de la Loire et du Cher.

Une portion de ces plateaux sablonneux et de ces collines

La forêt de Fontainebleau, vue prise du Gros-Fouteau.

de grès, environ 17,000 hectares, est recouverte par la FORÊT DE FONTAINEBLEAU (voy. les curiosités naturelles), la plus célèbre, sinon la plus belle de la France. En dehors de cette forêt, sur des terrains qui évidemment lui appartenaient jadis, les pittoresques collines de grès se prolongent vers le sud-est, au dessus de la jolie vallée du Loing, jusqu'au delà de Nemours. Cette ville s'appelait, de son nom complet, Nemours-en-Gâtinais; mais le Gâtinais, pays plat, jadis rempli d'étangs et de marécages, presque tous desséchés, ne commence réellement qu'à une vingtaine de kilomètres au sud-ouest de Nemours, en dehors des limites du département, dans le territoire du Loiret. Entre la vallée du Loing, dans laquelle se trouve Nemours, et la vallée de l'Essonne, s'étend, de la Chapelle-la-Reine à Château-Landon, de Nemours à la frontière du Loiret, un plateau bien cultivé, riche, fertile, parsemé de villages, mais très-monotone, très-nu, sans ruisseaux et même sans sources; les puits y sont rares, — on en compte en général un par village, — et très-profonds (50, 60 et jusqu'à 70 mètres). Entre la vallée du Loing et la frontière du département de l'Yonne, le long du Lunain et de l'Orvanne, s'élèvent des collines d'une hauteur moyenne, peu pittoresques, qui vont se rattacher aux coteaux de Bourgogne.

En somme, l'arrondissement de Fontainebleau est à la fois le plus pittoresque et le plus boisé; l'arrondissement de Melun, terre de Brie, possède également beaucoup de bois; l'arrondissement de Provins, en grande partie terre de Brie, est traversé, comme ceux de Fontainebleau et de Melun, par la Seine, et possède en outre la vallée de la Voulzie et les monuments de la « ville des roses »; l'arrondissement de Coulommiers, aussi terre de Brie, a les profondes et tortueuses vallées du Grand et du Petit-Morin; l'arrondissement de Meaux, Brie au sud, Goële et Multien au nord, a la gracieuse vallée de la Marne, beaucoup plus tortueuse, plus resserrée, plus profonde que celle de la Seine.

Le département appartient à la région géologique connue sous le nom de bassin de Paris. On y rencontre des terrains de formations secondaires, tertiaires et quaternaires ou diluviennes. Le sol, sablonneux ou argilo-siliceux, repose sur une couche d'argile qui recouvre un vaste amas de craie.

### III. — Cours d'eau.

Les eaux du département de Seine-et-Marne appartiennent en entier au bassin de la Seine.

**Bassin de la Seine.** — La Seine est l'un des principaux fleuves de la France. Sa longueur, y compris les détours, — et précisément elle est fort sinueuse, — est de 770 kilomètres, et son bassin, c'est-à-dire l'ensemble des surfaces qui lui envoient leurs eaux, est de près de 7,800,000 hectares.

Elle naît à 471 mètres au-dessus du niveau de la mer, dans les montagnes du département de la Côte-d'Or, où sa source est signalée par un monument élevé aux frais de la ville de Paris (une nymphe assise devant une grotte). Elle baigne dans la Côte-d'Or, Châtillon-sur-Seine; dans l'Aube, Mussy-sur-Seine, Bar-sur-Seine, Troyes, chef-lieu du département, Méry-sur-Seine; passe dans le département de la Marne, où elle se double et devient navigable par la jonction de l'Aube à Marcilly, puis rentre dans le département de l'Aube où elle arrose encore Nogent-sur-Seine. Après un cours de 225 à 250 kil., elle pénètre, près de la station de Melz (ligne de Mulhouse), dans le département de Seine-et-Marne, auquel elle sert de limite sur une longueur de 400 mètres. Elle rentre ensuite dans le département de l'Aube, puis revient dans celui de Seine-et-Marne, à 1 kilomètre en aval de Courceroy (altitude 60 mèt. 13 cent. à la borne de navigation n° 150). Décrivant des sinuosités d'un petit rayon, le fleuve touche à Nogent (55 mèt. 6 c. à l'étiage), à Bray (53 mèt. 1 c.) et reçoit la Voulzie; un peu en amont de Saint-Germain-Laval, il passe sous le chemin de fer de Montereau, puis atteint Montereau (46 mèt.), où il reçoit l'Yonne. Il baigne ensuite Varennes et côtoie, sur 2 kilomètres, la voie ferrée de Paris à Lyon. A Saint-Mammès, il reçoit le Loing; il entre ensuite dans la forêt de Fontainebleau, qu'il limite à l'est, contourne Thomery, passe à Valvins (41 mèt.), au-dessus de Samois (40 mèt. 7 c.), et, par la plus grande courbe qu'il décrit dans Seine-et-Marne, se porte à l'ouest, puis, tournant au nord, et continuant à border la forêt de Fontainebleau, il atteint Melun (36 mèt. 78 c.), où il forme l'île Notre-Dame, sur laquelle est bâtie une partie de la ville. Après avoir passé sous le pont du chemin de fer, en amont du Mée, il baigne Seine-Port et sort, à 32 mètres environ d'altitude, de Seine-et-Marne, où il a un parcours de 106 kilomètres. Il reçoit l'Essonne à Corbeil, la Marne, en amont de Paris, qu'il traverse, et, devenu de plus en plus sinueux, arrose encore trois départements : Seine-et-Oise, où il reçoit l'Oise; l'Eure, où il reçoit la rivière de ce nom; la Seine-Inférieure, où il baigne l'importante ville de Rouen. Enfin il se transforme en un estuaire de 10 kilomètres de largeur, c'est-à-dire en un golfe allongé, lequel n'a plus que 7 kilomètres au point où il se déverse dans la mer, entre les villes d'Honfleur et du Havre. Dans Paris, la Seine débite à l'étiage 44 mètres cubes ou 44,000 litres par seconde, volume qu'on a vu descendre à 33 mètres cubes, mais c'est là un débit absolument exceptionnel; dans les eaux moyennes elle en roule 250; dans les crues, 1,200 à 1,500 et au delà (1,660 dans la grande crue de 1876). A son embouchure, elle roule deux fois plus d'eau que sous les ponts de Paris.

Les affluents de la Seine qui appartiennent au département de Seine-et-Marne sont : l'Orvin, la Voulzie, le ru de Volangy ou Vieille-Seine, l'Yonne, le Loing, l'Anqueuil qui prend le nom d'Almont de sa sortie du parc de Vaux jusqu'à son embouchure, l'École, le ru de la mare aux Évées, le ru des Hauldres, l'Yères et la Marne.

L'*Orvin* (38 kil.), affluent de gauche, appartient presque en entier au département de l'Aube; il naît à Sommefontaine, et se jette dans la Seine à Villiers-sur-Seine.

La *Voulzie* (41 kil.), tributaire de droite, naît de fortes sources à Richebourg, commune de Leschelle, canton de Villiers-Saint-Georges, passe à Provins, met en mouvement un

Melun.

grand nombre d'usines, et, à 2 kilomètres 500 mètres en aval de Provins, reçoit le *Durtain*, formé également par d'abondantes fontaines, traverse aussi cette ville, et atteint la Seine peu au-dessous de Bray. Aux eaux les plus basses qu'on lui connaisse, elle roulait encore plus de 700 litres d'eau par seconde.

La *Vieille-Seine* (33 kil.), tributaire de droite, nommée, sur le territoire de Luisetaines, *ru de Volangy* et plus haut *Auxence*, a sa source près de Meigneux et son confluent peu au-dessous de Marolles.

L'**Yonne** (293 kil., dont 16 dans Seine-et-Marne), affluent de gauche, l'une des grandes rivières de France, descend du département de la Nièvre, où elle naît au pied du mont Prénelay (850 mèt.); elle traverse le département auquel elle donne son nom, et, grossie de ses trois principaux affluents : la Cure, le Serein et l'Armançon, elle entre dans Seine-et-Marne, à 2 kilomètres en amont de Misy; elle coule de l'est à l'ouest en décrivant de nombreuses sinuosités, et, à Montereau, se jette dans la Seine, dont elle fait plus que doubler les eaux : d'ailleurs son bassin (1,113,500 hectares) est supérieur de 88,000 hectares à celui de la Seine. La navigation très-importante de l'Yonne fournit à Paris une grande partie de son bois et de son charbon; elle transporte aussi des vins et des matériaux de construction.

Le **Loing**, affluent de gauche, a 150 kil. dans un bassin de près de 450,000 hectares. Il naît dans le département de l'Yonne, au-dessus de Saint-Sauveur, dans la Puisaye, pays froid, plein de bois et d'étangs. A Rogny, il reçoit, au pied d'un escalier de sept écluses, le canal de Briare, canal de jonction entre la Loire et la Seine, et dès lors ce canal le suit jusqu'à son embouchure dans la Seine, d'abord sous le nom de canal de Briare, puis sous celui de canal du Loing. Après avoir baigné, dans le département du Loiret, Châtillon et Montargis, le Loing entre, au confluent du Bez, dans le département de Seine-et-Marne, où il est constamment longé par le chemin de fer du Bourbonnais. Grossi tout d'abord, à droite par le *Bez*, qui vient du département de l'Yonne, à gauche par le *Fusain*, qui vient du département du Loiret et coule dans le pittoresque vallon de Château-Landon, il passe à Souppes, croise le chemin de fer du Bourbonnais, reçoit la belle *fontaine de Chaintreauville* au pied des curieuses roches de grès de Nemours, et traverse en deux bras cette dernière ville. Contournant ensuite la forêt de Fontainebleau par Montigny, il reçoit à Épisy le *Lunain* (50 kil.), qui sort du département de l'Yonne et passe à Lorrez-le-Bocage. Devant Moret, il se grossit

Moret.

de l'*Orvanne* (40 kil.), également descendue de l'Yonne, et qui forme, au pied de la haute colline ou montagne de Trin, l'étang allongé de Moret ou de *Ravanne*. Après avoir passé sous le pont de Moret, le Loing se perd dans la Seine à Saint-Mammès. Il lui porte en temps d'étiage environ 4 mètres cubes d'eau par seconde. Son débit moyen est considérable, ses crues sont modérées.

L'*Anqueuil* (12 kil.), affluent de droite, grossi de la *Varvanne*, traverse le parc de Vaux-Praslin, à la sortie duquel il prend le nom d'*Almont*.

Le *Ru-aux-Évées* (12 kil. environ), petit tributaire de gauche, sort de la Mare-aux-Évées et se jette dans la Seine près de Boissise-le-Roi.

L'*École* (34 kil.), tributaire de gauche, naît près du Vaudoué, passe à Milly, Seine-et-Oise, à Saint-Sauveur, à Saint-Germain, Seine-et-Marne, et, grossi du *Rebais*, tombe dans la Seine au pont de Sainte-Assise.

L'*Yères* (88 kil., dont 72 dans le département) naît de sources abondantes près de Touquin, canton de Rozoy, et coule de l'est à l'ouest dans une charmante vallée. Cette rivière baigne Vaudoy, Rozoy, Chaumes, Solers, Grégy, Combs-la-Ville ; elle reçoit un grand nombre de ruisseaux dont les principaux sont : l'*Yvron* (23 kil.) et l'*Avon* (18 kil.). Malgré le nombre de ses affluents, l'Yères doit à la nature poreuse du sol sur lequel elle coule d'être presque à sec une grande partie de l'année. Avant de quitter le département pour celui de Seine-et-Oise, elle lui sert de limite pendant 4 kilomètres et se jette dans la Seine à Villeneuve-Saint-Georges.

La **Marne** (494 kil.), tributaire de droite. Cette belle rivière, dont le bassin embrasse à peu près le tiers du département, sort de la fontaine de Marnotte, commune de Balesmes, canton de Langres (Haute-Marne). Elle traverse dans toute sa longueur ce département, où elle baigne Chaumont-en-Bassigny, Joinville-en-Vallage, Chevillon, Saint-Dizier ; elle entre ensuite dans le département de la Marne, baigne Vitry-le-François, Châlons-sur-Marne, Épernay ; traverse la partie sud du département de l'Aisne, passe à Château-Thierry et entre enfin dans le département de Seine-et-Marne, à 7 kilomètres en amont de Nanteuil-sur-Marne (50 mèt. 69 c. au busc d'amont de Méry), où elle coule dans une direction moyenne du nord-est au sud-ouest, en décrivant des sinuosités nombreuses qui s'écartent, principalement dans le nord, de sa direction moyenne, et dont plusieurs ramènent la rivière en sens inverse de sa marche précédente. La Marne passe plusieurs fois sous le chemin de fer de Paris à Strasbourg, puis le côtoie à distance jusqu'à la Ferté-sous-Jouarre, près de laquelle elle reçoit le Petit-Morin.

De là elle se dirige vers Changis et, en aval de Mary, reçoit l'Ourcq, arrive au barrage éclusé d'Iles-les-Meldeuses, où des pompes élévatoires font passer dans le canal de l'Ourcq une partie de ses eaux. Elle reçoit la Thérouane, et, suivie dans ses détours par le canal de l'Ourcq, elle atteint Meaux après avoir décrit deux courbes sinueuses et reçu à Nanteuil-lès-Meaux le ruisseau de la Brinche et, au-dessous de Meaux, celui de Rutel. Elle coule alors entre le canal de Chalifert, sur la rive gauche, et celui de l'Ourcq, sur la rive droite, et, accrue du Grand-Morin, décrit un grand détour vers le nord, et, s'écartant du canal de l'Ourcq, redescend au sud-ouest. De Chalifert elle coule presque en droite ligne, reçoit la Beuvronne, la Gondoire et le ruisseau de Maubué, passe à Lagny, Pomponne-en-Noisiel, et sort de Seine-et-Marne, pour entrer dans Seine-et-Oise et se jeter dans la Seine à Charenton. Son parcours dans le département est de 88 kilomètres 500 mètres. On évalue son débit d'étiage à 11 mètres cubes par seconde, ses crues vont à 600, 800 et même 1,000 mètres.

Dans ce trajet, la Marne forme 64 îles ou îlots, et met en mouvement de nombreuses usines. Elle est navigable de Saint-Dizier à la Seine (363 kil. 800 mèt.), car elle doit aux travaux de canalisation dont elle a été l'objet une profondeur normale de 1 mèt. 60 cent. La charge moyenne est de 40 à 50 tonneaux, la charge maximum de 200 tonneaux. Les bois de chauffage et de construction forment la majeure partie de son trafic.

Les principaux affluents de la Marne dans le département sont : le Petit-Morin, l'Ourcq, la Thérouane, le Grand-Morin, la Beuvronne, la Gondoire.

Le *Petit-Morin* (85 kil.), tributaire de gauche, qui naît à Morains-le-Petit (Marne), entre dans Seine-et-Marne au nord de Mont-Dauphin, coule dans une vallée profonde et resserrée, arrose Verdelot, Villeneuve-sur-Bellot, Sablonnières, Orly, Saint-Ouen, Saint-Cyr, et se jette dans la Marne à la Ferté-sous-Jouarre. Son étiage minimum est de 300 à 350 litres.

L'*Ourcq* (80 kil., dont 13 dans Seine-et-Marne), tributaire de droite, naît au sud de Ronchères (Aisne), dans la forêt de

Riz. Il coule du nord au sud, côtoyé par le canal de l'Ourcq, auquel il cède une partie de ses eaux ; il entre dans le département à l'embouchure du *Clignon*, passe auprès du château de Crouy, reçoit le *ru de la Croix-Sainte-Hélène*, la *Gergogne*, qui vient de Bouillancy (Oise), le *ru du Jariet*, et tombe dans la Marne peu après avoir traversé Lizy.

Le *Thérouane* (19 kil.), affluent de droite, qui naît au nord de Saint-Pathus, coule du nord-ouest au sud-est dans une vallée sinueuse et peu profonde, fait mouvoir plusieurs moulins, forme l'étang de Rougemont, et, grossi du *ru de Brégy*, se jette dans la Marne à la hauteur de Congis.

Le *Grand-Morin* (118 kil., dont 66 dans le département), qui vient de Lachy (Marne), entre dans Seine-et-Marne à Meilleray, passe à la Ferté-Gaucher, à Coulommiers, à Crécy, et se jette dans la Marne en aval d'Iles-lès-Villenoy. Il reçoit la *Fontaine-Chailly*, le *ru de Rebais* (10 kil.), le *ru de Rognon* (12 kil.), grossi du *ru des Avenelles*, l'*Aubetin* (55 kil., dont 49 dans le département), qui naît dans le département de la Marne. Le Grand-Morin coule dans une vallée pittoresque, boisée et profonde, alimenté par de belles sources, dont la plus importante est celle de *Chailly;* il est navigable du port de Tigeaux au canal de Chalifert (16 kil.). Son débit est de 1,300 à 1,400 litres à l'étiage extrême.

La *Beuvronne* (23 kil.), tributaire de droite, traverse le canal de l'Ourcq à Gressy et tombe dans la Marne en aval de Jablines.

La *Gondoire* (11 kil.), affluent de gauche, grossie du *ru de Bussy*, rejoint la Marne en aval de Vaires.

Le nombre des cours d'eau du département de Seine-et-Marne dépasse 170, et l'ensemble de ceux qui ne sont pas navigables ou flottables représente une longueur de 1,834 kilomètres.

Étangs. — L'arrondissement de Coulommiers compte un assez grand nombre d'étangs, notamment ceux de *la Loge*, de *la Presle* et ceux qui entourent le bois de Jouarre.

D'autres étangs sont disséminés dans les communes de Beautheil, de Lumigny, de Pierre-Levée, de Noisiel, de la Haute-

Maison et de Tournan. Le plus grand, celui d'*Armainvilliers* (83 hect.), et celui de *Villefermoy* sont dans l'arrondissement de Melun; l'étang de *Moret* ou de *Ravanne*, alimenté par l'Orvanne, est dans l'arrondissement de Fontainebleau.

La superficie totale des étangs dans le département de Seine-et-Marne est d'environ 2,000 hectares.

## IV. — Climat.

Le département de Seine-et-Marne appartient au *climat séquanien*, dont le type est Paris. L'hiver y est moins froid que dans le nord et dans l'est de la France; l'été est moins chaud que dans la vallée du Rhin, entre Huningue et Strasbourg, et plus chaud qu'en Flandre, en Normandie et en Bretagne.

On peut considérer ce département comme très-analogue, dans ses conditions météorologiques, à ceux de Seine-et-Oise et de la Seine; toutefois l'intervalle entre le minimum et le maximum de température paraît y être plus grand. Si l'on compare le nord du département à sa zone méridionale, on trouve une différence de température qui est peut-être sans importance comme moyenne annuelle de la température de ces régions, mais qu'un de leurs produits agricoles, à défaut d'observations thermométriques suffisantes, permet d'apprécier comme moyenne estivale. La Marne suit à peu près, dans sa direction moyenne, la limite de la culture en grand de la vigne; le raisin ne mûrit donc pas aussi bien dans la vallée de l'Ourcq et aux environs de Dammartin-en-Goële que dans la vallée du Loing et dans les plaines du Gâtinais. Les étés sont par conséquent plus chauds dans ces dernières contrées qu'au nord de la Marne. Par sa position méridionale et par la nature de son sol, l'arrondissement de Fontainebleau est le plus chaud du département; la vigne y réussit assez bien, comme le prouvent les treilles renommées de Thomery.

Les pluies sont très-peu abondantes. La nappe d'eau de pluie qui recouvrirait le sol, si elle n'était pas absorbée par le sol ou évaporée par le soleil, ne s'élèverait pas à plus de 40, 41,

42 centimètres, ce qui est le minimum pour la France (dont la moyenne est de 77 centimètres); aussi les puits y ont-ils, en général, une grande profondeur. Il y tombe peu de neige. Les vents dominants sont ceux du sud-ouest et de l'ouest.

## V. — Curiosités naturelles.

La principale curiosité de Seine-et-Marne, c'est la forêt de Fontainebleau, avec ses futaies séculaires, ses rochers pittoresques, ses frais ombrages et ses sables arides. Elle couvre environ 17,000 hectares et n'a pas moins de 2,000 kilomètres de routes et de sentiers. Au point de vue du produit, son aménagement laisse à désirer; mais aucune forêt, en France, ne peut lui être comparée pour la variété de ses aspects et la beauté de ses futaies. A l'ouest, le rocher des Sablons présente d'énormes bancs de grès, formant à leur partie supérieure un plateau sillonné de crevasses, enveloppés à leur base de sables d'une blancheur éblouissante, et dont l'aspect rappelle celui d'un glacier. Malheureusement ces rochers auront bientôt disparu sous la masse du carrier. Vers l'est s'ouvrent les gorges de Franchard dont les rocs, bouleversés sur la pente, dominent un magnifique tapis de bruyères aux fleurs de pourpre. Les rochers nus de la Salamandre et ceux de Bouligny sont couverts de pins au tronc rougeâtre, au feuillage d'un vert sombre. Dans la Gorge-aux-Loups, au milieu de rochers couverts de mousse, des chênes trois fois séculaires étendent au loin leur ombrage. Au nord-ouest de Fontainebleau, la vallée du Nid de l'Aigle, la Tillaie, le Bouquet du Roi ont des chênes et des hêtres qu'on ne se lasse pas d'admirer. La futaie du Gros-Fouteau, déjà vieille au temps de François Ier, ne le cède pour la beauté de ses arbres qu'à celle du Bas-Bréau. Dans la plaine des Écouettes, de frais gazons, des genévriers et des bouleaux forment un ensemble gracieux auquel de longues avenues de chênes donnent une teinte mélancolique. Des hauteurs de la Solle, l'œil plane sur la vallée du même nom qui se dérobe sous ses dô-

Forêt de Fontainebleau. — Le Long Rocher.

mes de verdure. Enfin les monts Saints-Pères, les monts de Fays et le fort de l'Empereur offrent d'admirables panoramas.

Le reste du département, sauf dans les roches de grès des environs de Nemours, ne présente pas de grandes scènes naturelles ni d'accidents de terrain qui méritent d'être visités. Dans la partie centrale, entre la Seine et la Marne, il existe des *gouffres* où se perdent quelques ruisseaux. On peut citer ceux des communes de Valence, Fontenailles, Liverdy, le ruisseau de Tournan, qui se perd dans un gouffre profond sous la roue du moulin de Villegenart, celui d'Ancœur près de la chapelle Gauthier, de Bailly-Carrois, de Coutençon, d'Echou-Boulains. Ces ruisseaux jaillissent pour la plupart non loin du gouffre dans lequel ils ont disparu, et forment ainsi de très-belles sources. Parmi les plus remarquables, il faut citer celles du Duretin et de la Voulzie, près de Provins, celle de Chailly, qui, en été, débite 600 litres d'eau par seconde, de Chaintreauville (300 à 400 litres par seconde), de Vinantes, etc.

## VI. — Histoire.

Le département qui comprend la vallée inférieure de la Marne et une partie de la vallée moyenne de la Seine est trop voisin du centre politique du pays pour n'avoir pas été, à toutes les époques, le théâtre d'événements importants. Il a ressenti le contre-coup de toutes les luttes qui, au moyen âge comme aux temps modernes, se sont engagées autour de Paris. Luttes civiles ou étrangères, elles ont toutes laissé dans le département de Seine-et-Marne des souvenirs, quelquefois assez lugubres.

La majeure partie du département de Seine-et-Marne répond à l'ancien territoire des *Meldes* (Meldi), voisins des *Sénons* et des *Parises*. La ville de *Melodunum* (Melun), le chef-lieu actuel, est même désignée par César comme une place forte (un oppidum) des Sénons. Ce pays était si bien considéré comme appartenant à la grande cité dont les bandes ont pris Rome, que des antiquaires ont agité la question de savoir si l'Agendicum

Senonum n'était pas la ville actuelle de *Provins*. Mais il est démontré aujourd'hui que la ville de Sens (Yonne) représente bien l'Agendicum des *Commentaires* de César.

A l'époque de la lutte suprême de la Gaule contre le grand capitaine romain, on voit les légions de son lieutenant Labiénus marcher contre Camulogène qui défendait Lutèce. Labiénus se porte de Sens sur Lutèce en suivant la rive gauche de l'Yonne, puis de la Seine. Arrêté par un vaste marais d'un seul tenant, qui protégeait le front de l'armée gauloise, il rétrograda jusqu'à Melun. Cette ville se trouvait alors, comme Lutèce, dans une île de la Seine. Labiénus réunit des bateaux, les attacha ensemble, les chargea de soldats, s'empara de la ville, rétablit le pont que les ennemis avaient coupé, y fit passer l'armée et marcha sur Lutèce en suivant cette fois la rive droite du fleuve.

Sous la domination romaine, le pays fit partie de la quatrième province lyonnaise. La plupart des villes actuelles existaient déjà à cette époque : Meaux (*Jatinum*), Lagny (*Latiniacum*). La Ferté-sous-Jouarre tire probablement son nom du mot *Ferté* qui signifiait au moyen âge forteresse, et de *Jovis ara* (autel de Jupiter). Coulommiers fait remonter son nom au mot latin *Columbarium* ou Castrum Columbarium ; Chelles à *Kalæ* ; Chailly près de Coulommiers à *Calagum*, etc. On trouve à Dammartin de nombreuses traces de constructions antiques. Des médailles romaines, des vestiges de voies romaines, des ruines que des fouilles mettent au jour sur un grand nombre de points du département, exercent la sagacité et la science des archéologues qui ont pu fonder une société déjà importante d'histoire et d'archéologie à Melun. Au troisième siècle, le christianisme fut prêché dans la vallée de la Seine et de la Marne par saint Saintin, plus tard par saint Savinien, l'apôtre des Sénons.

Les territoires de Meaux et de Melun furent des premiers soumis à la domination de Clovis le roi des Francs, après sa victoire sur le dernier général romain Syagrius. Disputés ensuite par les fils de Clovis, ils firent tour à tour partie des royaumes de Paris et d'Austrasie. Une date funèbre est seule à rappeler à cette époque : celle de 584. Chilpéric Ier périt assassiné près de sa villa de *Chelles*, par Landéric, serviteur de la reine Frédégonde, ce qui ne veut pas dire qu'il faille attribuer cet assassinat à cette femme déjà assez chargée de crimes. On voit encore à Chelles, dans une prairie entre la gare du chemin de fer et le village, un petit monument de pierre, qu'une tradition ancienne désigne comme étant le débris d'une croix élevée au lieu où le meurtre de Chilpéric fut accompli.

Chelles rappelle heureusement un souvenir moins triste, celui de la reine *Bathilde*, cette esclave saxonne couronnée par Clovis II et qui, dans sa vieillesse, se retira au monastère de Chelles agrandi par ses soins. Au reste, c'est l'époque où la ferveur religieuse multiplie les monastères. Sainte *Fare* et son frère saint *Faron*, enfants de Hagneric, l'un des dignitaires de la cour de Théodebert II d'Austrasie, fondèrent, l'une l'abbaye de *Faremoutiers*, l'autre celle de Ste-Croix, qui prit plus tard le nom de son fondateur et qui attenait à la ville même de Meaux. Saint Faron, évêque de Meaux, accueillit aussi un missionnaire irlandais, *Fofre* ou *Ifars*, et lui donna un bois. Ce missionnaire travailla au défrichement de la Brie (Brigensis Saltus); il est resté populaire sous le nom de *saint Fiacre*, le patron des jardiniers.

Quoique placées dans l'intérieur de la France, les villes de Meaux et de Melun n'échappèrent point aux ravages des Normands. Ces hardis pirates qui avaient établi un de leurs camps à Saint-Maur pour s'assurer l'accès de la vallée de la Marne, ravagèrent la ville de Meaux en 862, puis en 887, après le siége de Paris. Cette fois pour gagner la Marne et la haute Seine, les barbares, arrêtés par l'héroïque résistance des Parisiens, avaient été obligés de tirer leurs barques hors du fleuve et de faire, en les traînant, le tour de la ville, puis de les remettre à flot en amont. Dans cette époque de désolation on voit néanmoins des conciles se réunir à Meaux en 841 et 847.

Comme le reste de la France, le pays se démembra, à l'épo-

Provins : vue générale

que féodale en un grand nombre de seigneuries. Le Gâtinais (Vastinium, pagus Vastiniensis) eut ses comtes et la ville principale était celle de Château-Landon. Les sires de *Crécy* devinrent la terreur du pays. La Brie avec les villes de Meaux, de Lagny, de Coulommiers, passe sous l'autorité d'un des seigneurs les plus puissants, Herbert, comte de Vermandois, dont la famille fut la tige des premiers comtes de Champagne et de Brie. La seconde maison fut celle de Eudes II, comte de Blois et de Chartres. Melun appartenait au domaine royal, et sa position en faisait une place importante, puisque la ville commandait la haute Seine. Le bon roi Robert, qui aimait à y séjourner, y mourut en 1030. C'est là également que mourut le roi Philippe I$^{er}$ (1108). Un savant docteur, qui devait acquérir une renommée universelle, Abélard, avait à cette époque (1102) ouvert une école et commencé son enseignement si nouveau et si hardi pour le moyen âge.

Melun se trouvait dans le voisinage de la forêt de *Bière*, où les rois se plaisaient à chasser et dont les sites sauvages leur plurent tellement que Louis le Gros y éleva un château près de la *fontaine Bléau* (apud fontem Bleaudi). Louis VII le Jeune résida longtemps dans ce manoir de *Fontainebleau*, dont l'aspect reproduisait alors celui de tous les châteaux féodaux. Philippe-Auguste y vient souvent. Louis IX et sa mère Blanche de Castille y habitèrent encore plus que Philippe-Auguste, et la chronique rapporte que le roi, chassant un jour dans la forêt, tomba au milieu d'une bande de voleurs. Il se mit à sonner d'un petit cor qu'il portait suspendu à son cou, et ses gens, étant accourus, le délivrèrent. Philippe le Bel naquit et mourut au château de Fontainebleau. Charles V y réunit une bibliothèque fort précieuse qui fut pillée en partie sous Charles VI, et dont les restes passèrent entre les mains du duc de Bedfort pendant la domination anglaise.

La guerre de Cent ans compliquée de la Jacquerie d'abord, plus tard de la guerre civile des Armagnacs et des Bourguignons, fut principalement pour les pays environnant Paris une époque de malheurs affreux. Les villes de Meaux, de Provins, dont l'industrie s'était développée au treizième siècle, virent cette prospérité décroître. Meaux qui, en 1229, avait eu l'honneur d'être choisi, pendant la minorité de saint Louis, pour être le lieu de réunion du concile qui devait mettre fin à la croisade des Albigeois et où Raymond VII de Toulouse avait signé un traité désastreux pour lui, mais avantageux à la royauté, Meaux fut le théâtre, au quatorzième siècle, d'une des scènes les plus épouvantables de la Jacquerie. La ville de Meaux avait

Montereau.

fait cause commune avec les Parisiens soulevés et conduits par Étienne Marcel. Celui-ci, se voyant presque perdu, n'avait point reculé devant l'alliance avec les Jacques, dont les excès pourtant excitaient la plus vive indignation. La ville se trouva bientôt au pouvoir de bandes furieuses qui assiégèrent dans le Marché, seconde ville fortifiée au sein de la première, les familles nobles réfugiées derrière ses murailles. Ces Jacques, dont l'entrée avait été facilitée par le maire Jehan Soulas, menaçaient du sort le plus terrible tous les défenseurs du Marché; mais ceux-ci, profitant de l'inexpérience et de l'indiscipline de ces paysans, firent une sortie vigoureuse, s'emparèrent de la cité, la brûlèrent et plus de sept mille Jacques périrent.

La ville de *Lagny* ne fut guère plus heureuse. Si rapprochée de Paris et clef de la Marne, elle était vivement disputée par tous les partis. Prise et pillée en 1358, pillée en 1416, surprise et pillée en 1418, plusieurs fois assiégée encore en 1430, 1431, 1432, elle fut une des cités les plus malheureuses.

Pendant la guerre civile des Armagnacs et des Bourguignons, une petite ville, *Montereau (Monasteriolum)*, située à une autre extrémité du département, commença à acquérir une célébrité, hélas! trop historique. Sur le pont de Montereau, Jean sans Peur, duc de Bourgogne, eut une entrevue avec le Dauphin (plus tard Charles VII) et périt assassiné par les seigneurs armagnacs qui entouraient le Dauphin (1419). Ce meurtre jeta les Bourguignons dans les bras des Anglais, qui devinrent bientôt les maîtres du pays. Melun cependant résistait et Henri V, roi d'Angleterre, vint assiéger cette ville avec le nouveau duc de Bourgogne, Philippe le Bon. Les habitants, parmi lesquels on remarquait deux moines de l'abbaye du Jard (abbaye située à une lieue de Melun), se défendirent avec une admirable énergie, et le chef de la garnison, le sire de Barbazan, se signala par une rare vaillance. Ce hardi capitaine se mesura même avec le roi anglais dans un des combats livrés dans les mines et contre-mines que faisaient assiégés et assiégeants (1420). La famine seule eut raison des défenseurs de la ville, et Henri V, irrité d'avoir été arrêté si longtemps devant la place, se montra cruel : il fit mettre à mort plusieurs bourgeois et les deux moines du Jard. Montereau fut pris également et ne fut recouvré qu'en 1437, par Charles VII qui paya de sa personne, chose peu ordinaire à ce roi accoutumé à laisser ses capitaines travailler pour lui. La cité de Meaux, prise par les Anglais en 1421, après un siége de huit mois, ne fut également reconquise que beaucoup plus tard, en 1439.

La paix revint sur la fin du règne de Charles VII, mais sous Louis XI elle fut encore troublée par les révoltes des seigneurs et la Ligue du bien public (1464-1465). Sous Charles VIII et

Louis XII, les guerres s'éloignèrent de l'intérieur de la France : elles eurent pour théâtre l'Italie, d'où nos rois, à défaut d'autres avantages, rapportèrent le goût des arts et des belles constructions. Aussi, sous le règne de François I$^{er}$, quoique la cour n'eût pas abandonné les bords riants de la Loire où elle se plaisait, le pays de Seine-et-Marne eut aussi ses châteaux, il suffit de citer le château de Fontainebleau, cette merveille, et celui de *Nantouillet*, bâti par le cardinal Duprat. Seul, le nom de Fontainebleau suffit pour caractériser le règne de François I$^{er}$ et cette époque brillante qu'on appelle la *Renaissance*. Ce château, décoré par les artistes les plus éminents de l'Italie, devint la résidence favorite de François I$^{er}$ et le théâtre où se déroulaient les magnificences de sa cour : il y reçut Charles-Quint et lui donna, dans ce palais, des fêtes splendides. Henri II adopta également le château de son père et continua à l'embellir.

Bientôt les mauvais jours reviennent : les passions religieuses se mêlent au vieux levain de l'indépendance qui fermente encore dans la noblesse française. La Réforme est prêchée dans le diocèse de Meaux et, malgré les persécutions, y recrute de nombreux adhérents. Bientôt l'ambition des Guises et celle des Bourbons se cachent sous le zèle catholique et le rigorisme protestant. Les guerres civiles recommencent et les vallées de la Seine et de la Marne en souffrent beaucoup. En 1567, les protestants de la Brie se soulèvent et, sous le commandement de Condé et de Coligny, menacent *Montceaux* où se trouvaient alors Charles IX et la Cour. Les deux armées catholique et protestante traversaient sans cesse le pays qui ne pouvait respirer qu'à de rares intervalles. La ville de Meaux subit le contre-coup de l'horrible massacre de la St-Barthélemy (1572). Puis vinrent les guerres de la Ligue, les bandes espagnoles, les bandes allemandes. En 1590, la prise de Lagny par le duc de Parme, général du roi d'Espagne Philippe II, força Henri IV de lever le siège de Paris. Celui-ci cependant ne tarda pas à être reconnu comme le roi légitime et entra à Meaux dès le 1$^{er}$ janvier 1594. Le château de *Montceaux* fut, en 1596, le témoin de la soumission de Mayenne et de la célèbre entrevue où le bon roi Henri se vengea d'une façon si magnanime du chef des Ligueurs en se contentant de le promener à grands pas dans le parc.

Le souvenir de Henri IV reste toutefois plutôt attaché à Fontainebleau. C'est le roi qui, après François Ier, a le plus augmenté et embelli le château. Il aimait à en dater ses lettres : « De nos délicieux déserts de Fontaine-Belle-eau. » C'est à Fontainebleau qu'Henri IV vit naître son fils Louis XIII ; c'est là que fut arrêté le maréchal de Biron qui, jugé à Paris, eut la tête tranchée dans la cour de la Bastille (1602).

Durant la minorité de Louis XIV, le château de Fontainebleau fut témoin d'une monstrueuse tragédie. La reine Christine de Suède, qui habitait ce château après son abdication, y fit tuer (1657), dans la galerie des Cerfs, un de ses officiers, le marquis de *Monaldeschi*. Quelques années après, Louis XIV venait assister à une fête magnifique donnée au château de *Vaux*, près de Melun, par le surintendant Fouquet, fête qui devait accroître l'irritation du monarque et précipiter la chute du financier. Louis XIV venait souvent à Fontainebleau ; mais comme il avait son château, sa création à lui, Versailles, le palais de François Ier, quoique souvent visité, ne tint plus une grande place dans l'histoire jusqu'au dix-neuvième siècle, où une nouvelle dynastie, sortie de la Révolution, y vint déployer ses pompes, si différentes de celles de l'ancienne monarchie.

La révocation de l'Édit de Nantes (1685) causa la ruine d'un grand nombre de localités du diocèse de Meaux. Meaux, Lizy, la Ferté-sous-Jouarre comptaient beaucoup de familles appartenant au culte proscrit, et plus de douze cents d'entre elles émigrèrent, emportant les industries qui faisaient la richesse du pays. Et pourtant, à cette époque, l'Église comptait d'illustres évêques; Bossuet occupait le siége épiscopal de Meaux (1661-1704), mais, malgré l'élévation de son esprit, Bossuet approuva, célébra même la révocation de l'Édit de Nantes, si funeste à notre pays.

Lorsque Napoléon, de consul devenu empereur, songea à

se faire sacrer, il reçut le pape Pie VII à Fontainebleau (1804). C'est là qu'il le vit pour la première fois. C'est là qu'en 1812 il le fit transférer de Savone et le retint prisonnier. C'est là que, en 1813, après la désastreuse campagne de Russie, il vint lui faire signer un concordat, désigné sous le nom de Concordat de Fontainebleau, par lequel le pape recouvrait sa liberté en résignant la souveraineté temporelle des États Romains. Mais c'est là aussi que l'année suivante lui-même allait venir abdiquer à son tour.

Sans doute, avant sa chute il avait frappé de grands coups et le département de Seine-et-Marne fut témoin de plusieurs des combats de cette lutte suprême contre les armées de l'Europe coalisée. Au mois de février 1814, Napoléon accourait, impatient de dégager Paris; il laissait Marmont près de Château-Thierry, traversait rapidement Meaux, portait le quartier général à Guignes et poussait en avant 60,000 hommes. A ce moment, il y avait autour de Fontainebleau 11,000 Autrichiens; en deçà de la Seine, sur la route de Provins, 30,000 Russes; sur celle de Bray, 25,000 Bavarois; sur celle de Melun, 25,000 Wurtembergeois; enfin entre la Seine et l'Yonne, 50,000 Autrichiens. L'Empereur fit marcher sur Fontainebleau, Melun, Bray et Provins de faibles détachements; puis il disposa le gros de son armée en colonnes pour fondre entre les Bavarois et le prince de Wurtemberg, saisir, sur les derrières de ce dernier, Montereau, confluent des deux rivières, ville où se croisent toutes les routes, et envelopper tour à tour, avec sa masse compacte, les groupes épars de son adversaire. Cette belle combinaison échoua. Le maréchal Victor, formant tête de colonne, parcourut une route hérissée d'obstacles; à *Mormans*, il se heurta contre 6,000 Russes qui tentèrent vainement de s'éloigner à grands pas; on les atteignit, on dispersa leur cavalerie, on prit leur infanterie. Mais à deux lieues de là, aux portes de Nangis, et deux lieues plus loin encore, à Villeneuve-le-Comte, il fallut passer sur le corps de deux divisions bavaroises. Ces incidents ralentirent le maréchal. Il était nuit lorsqu'il arriva, à une lieue en deçà de Montereau, aux bords d'un ravin qui entoure le plateau de Surville. Vingt ans plus tôt, Victor eût peut-être surmonté l'obstacle, mais, dans ce temps de lassitude et de découragement, il s'arrêta et sauva les coalisés.

Le lendemain il fallut combattre pour emporter Montereau, qui avait déjà perdu son importance. Les colonnes russes, bavaroises, autrichiennes étaient en mesure de se porter sans trouble au delà de la Seine, et le prince de Wurtemberg s'était concentré sur le plateau de Surville : Victor, Gérard le culbutèrent. Le général Pajol, débouchant par la route de Melun, enleva le faubourg de Paris ; la mitraille écrasa les troupes ennemies ; elles s'enfuirent en désordre sur Bray, après une perte de 6,000 hommes. Tel fut le célèbre combat de Montereau, victoire stérile qui ne put que retarder la chute de Napoléon.

Obligé sans cesse de faire face à de nouvelles armées, le hardi capitaine, épuisé par ses succès mêmes, ne put empêcher les alliés de prendre Paris (31 mars 1814). Il arriva trop tard et se retira à Fontainebleau. Il lui restait encore la ressource de concentrer les troupes qui lui restaient et de livrer bataille, mais les événements se précipitèrent ; l'abandon du Sénat, la défection de Marmont décidèrent Napoléon à abdiquer (11 avril 1814). Le 20 il quittait le château après avoir fait aux troupes de sa vieille garde ces adieux si touchants et si célèbres qui ont fait donner à la cour du Cheval-Blanc le nom de cour des Adieux. Un an plus tard, Napoléon reparaissait à Fontainebleau, se dirigeant vers Paris, mais il n'y devait plus revenir !

L'histoire du département de Seine-et-Marne s'arrêterait là si nous n'étions obligé d'ajouter une page douloureuse, celle de l'invasion de 1870, qui livra de nouveau le pays aux armées étrangères. Le département eut beaucoup à souffrir du passage et du séjour des armées allemandes, grâce à son voisinage de Paris assiégé. C'est dans un château de Seine-et-Marne, dans la magnifique résidence de Ferrières, appartenant au baron de Rothschild, que le comte de Bismarck eut une entre-

Château de Fontainebleau. — Cour des Adieux ou du Cheval-Blanc.

vue célèbre, mais qui demeura stérile, avec M. Jules Favre, membre du Gouvernement de la Défense nationale.

### VII. — Personnages célèbres.

*Onzième siècle.* — GUILLAUME DE CHAMPEAUX, théologien, maître d'Abélard.

*Douzième siècle.* — PHILIPPE AUGUSTE, roi de France, né à Melun, ou au château du Jard.

*Treizième siècle.* — THIBAULT LE GRAND, comte de Champagne, et poëte, né à Provins. — PIERRE DE MONTEREAU, architecte de la Sainte-Chapelle. — GUILLAUME DE NANGIS, chroniqueur, dont le livre est excessivement précieux pour les historiens. — PHILIPPE IV LE BEL, né à Fontainebleau.

*Quatorzième siècle.* — DESMARESTS, avocat général au Parlement de Paris. — D'ORGEMONT, chancelier de France. — JEAN ROSE, bourgeois de Meaux, qui, en 1356, fonda un hôpital dans cette ville et est demeuré célèbre par sa charité.

*Seizième siècle.* — JACQUES AMYOT, né à Melun, traducteur de Plutarque. — FRANÇOIS II, roi de France, né à Fontainebleau. — HENRI III, roi de France, né à Fontainebleau.

*Dix-septième siècle.* — VALENTIN DE BOULLONGNE (dit le Valentin), peintre. — Louis XIII, roi de France, né à Fontainebleau. — GASTON D'ORLÉANS, son frère. — DANCOURT, auteur comique. — LOUIS DE FRANCE, dit le Grand-Dauphin, né à Fontainebleau. — CARRÉ, géomètre.

*Dix-huitième siècle.* — VOISENON (l'abbé de), littérateur. — MANGIN, architecte de la halle au Blé à Paris. — BEZOUT, mathématicien. — D'AGUESSEAU, petit-fils du chancelier, académicien. — SAUVÉ dit LA NOUE, acteur et auteur dramatique.

*Dix-neuvième siècle.* — BARBIER ANT. ALEXANDRE, bibliographe. — DAMESME, général. — LAMBERT-THIBOUST, vaudevilliste. — FÉLIX BOURQUELOT, historien, archéologue. — M. LENIENT (né à Provins), écrivain et professeur à la Sorbonne. — RAOULT, général, tué à Reichshoffen en 1870. — SAVIGNY, naturaliste. — JACQUINOT, général. — PUISSANT, géomètre.

## VIII. — Population, langue, culte, instruction publique.

La population de Seine-et-Marne, d'après le recensement de 1876, s'élève à 347,323 habitants (175,275 du sexe masculin, 172,048 du sexe féminin). A ce point de vue, c'est le quarante-septième département. Le chiffre des habitants divisé par celui des hectares donne environ 61 habitants par 100 hectares ou par kilomètre carré : c'est ce qu'on nomme la *population spécifique*. La France entière ayant 68 à 69 habitants par kilomètre carré, il en résulte que Seine-et-Marne, à surface égale, renferme 7 à 8 habitants de moins que l'ensemble de notre pays.

Depuis 1801, date du premier recensement officiel, Seine-et-Marne a gagné 48,163 habitants; c'est donc, en 76 ans, une augmentation moyenne d'un peu plus de 625 habitants par an.

Il n'existe dans le département ni patois, ni accent particulier; on remarque seulement dans le langage des habitants de la campagne des locutions vicieuses qui leur sont communes avec les habitants des environs de Paris. Aux environs de Coulommiers et de Provins, le ton devient plus traînant; les terminaisons en *é* se prononcent *ais*; et à Melun l'*a* bref est transformé en *â* long.

Presque tous les habitants de Seine-et-Marne sont catholiques; en 1872, on y comptait seulement 2,638 protestants de toutes les confessions et 315 israélites.

Le nombre des *naissances* a été, en 1872, de 8,162; celui des *décès*, de 8,030; celui des *mariages* s'est élevé à 3,483.

La *vie moyenne* est de 32 ans 1 mois.

Les *colléges* communaux de Meaux, Melun, Fontainebleau, Coulommiers et Provins, en 1876, ont compté 1,034 élèves.

| | |
|---|---|
| 12 écoles secondaires libres, parmi lesquelles le collége de Juilly (250 élèves). . . | 00,000 |
| 855 écoles primaires, dont 736 publiques et 119 libres. . . . . . . . . . . . . . . | 50,973 |
| école normale de Melun. . . . . . . . | 48 |
| 111 salles d'asile, dont 81 publiques et 30 libres. . . . . . . . . . . . . . . . . . | 8,472 |
| 327 cours d'adultes. . . . . . . . . . . | 8,462 |

Le recensement de 1866 a donné les résultats suivants :

| | |
|---|---:|
| Ne sachant ni lire ni écrire. | 105,163 |
| Sachant lire seulement. | 21,836 |
| Sachant lire et écrire | 219,443 |
| Dont on n'a pu vérifier l'instruction | 3,871 |
| Total de la population. | 550,313 |

Sur 44 accusés de crimes en 1876, on a compté :

| | |
|---|---:|
| Accusés ne sachant ni lire ni écrire | 8 |
| — sachant lire ou écrire imparfaitement. | 27 |
| — sachant bien lire et bien écrire. | 7 |
| — ayant reçu une instruction supérieure. | 2 |

### IX. — Divisions administratives.

Le département de Seine-et-Marne forme le diocèse de Meaux (suffragant de Paris); il dépend du cinquième corps d'armée et fait partie de la cinquième région; il comprend trois subdivisions (Fontainebleau, Melun et Coulommiers). — Il ressortit : à la Cour d'appel de Paris, — à l'Académie de Paris, — à la 6$^e$ légion de gendarmerie (Orléans), — à la 14$^e$ inspection des ponts et chaussées, — à la 1$^{re}$ conservation des forêts (Paris), — à l'arrondissement minéralogique de Paris (division du nord-ouest), — à la 2$^e$ région agricole (nord), — à la circonscription d'Orléans pour l'inspection du travail des enfants dans les manufactures. — Il comprend 5 arrondissements : Melun, Coulommiers, Fontainebleau, Meaux, Provins; 29 chefs-lieux de canton et 530 communes.

*Chef-lieu du département :* MELUN.
*Chefs-lieux d'arrondissement :* COULOMMIERS, FONTAINEBLEAU, MEAUX, MELUN, PROVINS.

**Arrondissement de Coulommiers** (4 cant., 77 comm., 52,643 h., 94,513 hect.).
*Canton de Coulommiers* (14 com., 15,944 h., 18,020 hect.). Aulnoy — Beautheil — Boissy-le-Châtel — Celle-sur-Morin (La) — Chailly — Coulommiers — Giremoutiers — Guérard — Maisoncelles — Mauperthuis — Mouroux — Pommeuse — Saint-Augustin — Saints.

## DIVISIONS ADMINISTRATIVES. 33

*Canton de la Ferté-Gaucher* (19 com., 12,008 h., 24,646 hect.). Amillis — Chapelle-Véronges (La) — Chartronges — Chevru — Choisy-en-Brie — Dagny — Ferté-Gaucher (La) — Jouy-sur-Morin — Lescherolles — Leudon — Marolles-en-Brie — Meilleray — Montolivet — Moutils — Saint-Barthélemy — Saint-Mars — Saint-Martin-des-Champs — Saint-Remy-la-Vanne — Saint-Siméon.

*Canton de Rebais* (18 com., 10,968 h., 19,973 hect.). Bellot — Boitron — Chauffry — Doue — Hondevilliers — Mont-Dauphin — Montenils — Orly-sur-Morin — Rebais — Sablonnières — Saint-Cyr-sur-Morin — Saint-Denis-lès-Rebais — Saint-Germain-sur-Doue — Saint-Léger — Saint-Ouen-sur-Morin — Trétoire (La) — Verdelot — Villeneuve-sur-Bellot.

*Canton de Rozoy* (26 com., 13,723 h., 32,123 hect.). Bernay — Chapelle-Iger (La) — Chapelles-Bourbons (Les) — Crèvecœur — Dammartin-sur-Tigeaux — Faremoutiers — Fontenay-Trésigny — Hautefeuille — Houssaye (La) — Lumigny — Marles — Mortcerf — Nesles — Neufmoutiers — Ormeaux — Pézarches — Plessis-Feu-Aussoux — Rozoy — Tigeaux — Touquin — Vaudoy — Vilbert — Villeneuve-le-Comte — Villeneuve-Saint-Denis — Voinsles.

**Arrondissement de Fontainebleau** (7 cant., 101 com., 80,678 h., 139,546 hect.).

*Canton de Château-Landon* (15 com., 12,074 h., 23,421 hect.). Arville — Aufferville — Beaumont — Bouligny — Branles — Chaintreaux — Château-Landon — Chenou — Gironville — Ichy — Madeleine (La) — Maisoncelles — Mondreville — Obsonville — Souppes.

*Canton de la Chapelle-la-Reine* (18 com., 8,410 h., 24,880 hect.). Achères — Amponville — Boissy-aux-Cailles — Boulancourt — Burcy — Buthiers — Chapelle-la-Reine (La) — Fromont — Guercheville — Larchant — Nanteau-sur-Essonne — Noisy-sur-École — Recloses — Rumont — Tousson — Ury — Vaudoué (Le) — Villiers-sous-Grez.

*Canton de Fontainebleau* (6 com., 16,348 h., 19,723 hect.). Avon — Bois-le-Roi — Fontainebleau — Samois — Samoreau — Vulaines-sur-Seine.

*Canton de Lorrez-le-Boccage* (17 com., 9,926 h., 21,320 hect.). Blennes — Chevry-en-Sereine — Diant — Egreville — Flagy — Lorrez-le-Boccage — Montmachoux — Noisy-le-Sec — Paley — Préaux — Remauville — Saint-Ange-le-Viel — Thoury-Ferottes — Vaux-sur-Lunain — Villebéon — Villemaréchal — Voulx.

*Canton de Montereau-faut-Yonne* (14 com., 13,423 h., 18,107 hect.). Barbey — Brosse-Montceaux (La) — Cannes — Courcelles — Esmans — Forges — Grande-Paroisse (La) — Laval — Marolles-sur-Seine — Misy-sur-Yonne — Montereau-faut-Yonne — Saint-Germain-Laval — Salins — Varennes.

*Canton de Moret-sur-Loing* (15 com., 10,042 h., 13,138 hect.). Celle-sous-Moret (La) — Champagne — Dormelles — Écuelles — Épizy — Montarlot — Montigny-sur-Loing — Saint-Mammès — Thomery — Veneux-Nadon — Vernou — Villecerf — Villemer — Ville-Saint-Jacques.

54  SEINE-ET-MARNE.

*Canton de Nemours* (16 com., 10,155 h., 18,807 hect.). Bagneaux — Bourron — Châtenoy — Chevrainvilliers — Fay-lès-Nemours — Fromonville — Garentreville — Genevraye (La) — Grez — Nanteau-sur-Lunain — Nemours — Nonville — Ormesson — Poligny — Saint-Pierre-lès-Nemours — Treuzy.

**Arrondissement de Meaux** (7 cant., 154 com. 95,752 h., 125,670 hect.).
*Canton de Claye* (23 com., 10,924 h., 17,955 hect.). Annet-sur-Marne — Carnetin — Charmentray — Charny — Claye-Souilly — Compans — Courtry — Fresnes — Gressy — Isles-lès-Villenoy — Iverny — Messy — Mitry-Mory — Nantouillet — Pin (Le) — Plessis-aux-Bois (Le) — Précy-sur-Marne — Saint-Mesmes — Trilbardou — Vignely — Villeparisis — Villeroy — Villevaudé.
*Canton de Crécy* (22 com., 10,514 h., 14,382 hect.). Bailly-Romainvilliers — Bouleurs — Boutigny — Chapelle-sur-Crécy (La) — Condé-Saint-Libiaire — Couilly — Coulommes — Coutevroult — Crécy-en-Brie — Esbly — Haute-Maison (La) — Magny-le-Hongre — Montry — Quincy-Ségy — Saint-Fiacre — Saint-Germain-lès-Couilly — Saint-Martin-lès-Voulangis — Sancy — Serris — Vaucourtois — Villemareuil — Villiers-sur-Morin.
*Canton de Dammartin-en-Goële* (23 com., 10,532 h., 19,217 hect.). Cuisy — Dammartin-en-Goële — Forfry — Gesvres-le-Chapitre — Juilly — Longperrier — Marchémoret — Mauregard — Mesnil-Amelot (Le) — Montgé — Monthyon — Moussy-le-Neuf — Moussy-le-Vieux — Oissery — Othis — Plessis-l'Évêque — Rouvres — Saint-Mard — Saint-Pathus — Saint-Soupplets — Thieux — Villeneuve-sur-Dammartin — Vinantes.
*Canton de la Ferté-sous-Jouarre* (19 com., 15,590 h., 20,951 hect.). Bassevelle — Bussières — Chamigny — Changis — Citry — Ferté-sous-Jouarre (La) — Jouarre — Luzancy — Méry-sur-Marne — Nanteuil-sur-Marne — Pierrelevée — Reuil — Saacy-sur-Marne — Sainte-Aulde — Saint-Jean-les-deux-Jumeaux — Sammeron — Sept-Sorts — Signy-Signets — Ussy-sur-Marne.
*Canton de Lagny* (29 com., 17,635 h., 17,231 hect.). Brou — Bussy-Saint-Georges — Bussy-Saint-Martin — Chalifert — Champs — Chanteloup — Chelles — Chessy — Collégien — Conches — Coupvray — Croissy-Beaubourg — Dampmart — Émerainville — Ferrières — Gouvernes — Guermantes — Jablines — Jossigny — Lagny — Lesches — Lognes — Montevrain — Noisiel — Pomponne — Saint-Thibault-des-Vignes — Thorigny — Torcy — Vaires.
*Canton de Lizy-sur-Ourcq* (23 com., 11,454 h., 24,154 hect.). Armentières — Barcy — Cocherel — Congis — Coulombs — Crouy-sur-Ourcq — Dhuisy — Douy-la-Ramée — Etrépilly — Germigny-sous-Coulombs — Jaignes — Lizy-sur-Ourcq — Marcilly — Mary-sur-Marne — May-en-Multien — Ocquierre — Plessis-Placy (Le) — Puisieux — Tancrou — Trocy — Vaux-Saint-Coulombs — Vendrest — Vincy-Manœuvre.
*Canton de Meaux* (15 com., 19,502 h., 11,967 hect.). Chambry — Chauconin — Crégy — Fublaines — Germigny-l'Évêque — Mareuil-lès-

Meaux — Meaux — Montceaux — Nanteuil-lès-Meaux — Neufmontiers — Penchard — Poincy — Trilport — Varreddes — Villenoy.

**Arrondissement de Melun** (6 cant., 97 com., 64,467 h., 108,758 hect.).
*Canton de Brie-Comte-Robert* (16 com., 10,520 h., 19,230 hect.). Brie-Comte-Robert — Chevry-Cossigny — Combs-la-Ville — Coubert — Évry-les-Châteaux — Ferrolles-Attilly — Grégy — Grisy-Suisnes — Lésigny — Lieusaint — Limoges-Fourches — Lissy — Moissy-Cramayel — Réau — Servon — Soignolles.
*Canton du Châtelet-en-Brie* (13 com., 7,936 h., 19,034 hect.). Blandy — Chartrettes — Châtelet-en-Brie (Le) — Châtillon-Laborde — Echouboulains — Écrennes (Les) — Féricy — Fontaine-le-Port — Héricy — Machault — Moisenay — Sivry-Courtry — Valence.
*Canton de Melun (nord)* (16 com., 13,744 h., 12,816 hect.). Boissettes — Boissise-la-Bertrand — Cesson — Livry — Maincy — Mée (Le) — Melun (nord) — Montereau-sur-le-Jard — Nandy — Rubelles — Saint-Germain-Laxis — Savigny-le-Temple — Seine-Port — Vaux-le-Pénil — Vert-Saint-Denis — Voisenon.
*Canton de Melun (sud)* (14 com., 11,822 h., 13,781 hect.). Arbonne — Boissise-le-Roi — Cély — Chailly-en-Bière — Dammarie-lès-Lys — Fleury-en-Bière — Perthes — Pringy — Rochette (La) — Saint-Fargeau — Saint-Germain-sur-École — Saint-Martin-en-Bière — Saint-Sauveur-sur-École — Villiers-en-Bière.
*Canton de Mormant* (24 com., 10,490 h., 24,451 hect.). Andrezel — Argentières — Aubepierre — Bailly-Carrois — Beauvoir — Bombon — Bréau — Champdeuil — Champeaux — Chapelle-Gauthier (La) — Clos-Fontaine — Courtomer — Crisenoy — Fontenailles — Fouju — Grand-Puits — Guignes — Mormant — Ozouer-le-Repos — Quiers — Saint-Méry — Saint-Ouen — Verneuil — Yèbles.
*Canton de Tournan* (14 com., 9,955 h., 19,678 hect.). Châtres — Chaumes — Courquetaine — Favières — Gretz — Liverdy — Ozoir-la-Ferrière — Ozouer-le-Voulgis — Pontault-Combault — Pontcarré — Presles — Roissy — Solers — Tournan.

**Arrondissement de Provins** (5 cant., 101 com., 53,784 h., 122,443 hect.).
*Canton de Bray-sur-Seine* (24 com., 11,477 h., 24,591 hect.). Baby — Balloy — Bazoches-lès-Bray — Bray-sur-Seine — Chalmaison — Éverly — Fontaine-Fourches — Gouaix — Gravon — Grisy-sur-Seine — Hermé — Jaulnes — Montigny-le-Guesdier — Mousseaux-lès-Bray — Mouy-sur-Seine — Noyen-sur-Seine — Ormes (Les) — Passy-sur-Seine — Saint-Sauveur-lès-Bray — Soisy — Tombe (La) — Villenauxe-la-Petite — Villiers-sur-Seine — Villuis.
*Canton de Donnemarie-en-Montois* (21 com., 8,954 h., 17,928 hect.). Cessoy — Chalautre-la-Reposte — Châtenay-sur-Seine — Contençon — Donnemarie-en-Montois — Dontilly — Égligny — Gurcy-le-Châtel —

Jutigny — Lizines — Luisetaines — Meigneux — Mons — Montigny-Lencoup — Paroy — Savins — Sigy — Sognolles — Thénisy — Villeneuve-lès-Bordes — Vimpelles.

*Canton de Nangis* (18 com., 10,016 h., 25,402 hect.). Bannost — Bezalles — Boisdon — Chapelle-Rabelais (La) — Châteaubleau — Croix-en-Brie (La) — Fontains — Frétoy — Gastins — Jouy-le-Châtel — Maison-Rouge — Nangis — Pécy — Rampillon — Saint-Just — Vanvillé — Vieux-Champagne — Villegagon.

*Canton de Provins* (14 com., 13,577 h., 25,402 hect.). Chalautre-la-Petite — Chenoise — Chapelle-Saint-Sulpice (La) — Cucharmoy — Lourps — Mortery — Poigny — Provins — Rouilly — Saint-Brice — Sainte-Colombe — Saint-Hilliers — Saint-Loup-de-Naud — Vulaines.

*Canton de Villiers-Saint-Georges* (24 com., 10,037 h., 56,593 hect.). Augers — Beauchery — Beton-Bazoches — Cerneux — Chalautre-la-Grande — Champcenest — Courchamp — Courtacon — Fontaine-sous-Montaiguillon — Léchelle — Louan — Marets (Les) — Melz-sur-Seine — Monceaux-lès-Provins — Pierrelez — Rupéreux — Saint-Martin-Chenetron — Saint-Martin-du-Boschet — Sancy-lès-Provins — Sourdun — ieux-Maisons — Villegruis — Villiers-Saint-Georges — Voulton.

## X. — Agriculture.

Sur les 573,635 hectares, de Seine-et-Marne, en 1872, on comptait en nombres ronds :

#### 1° PRINCIPALES PRODUCTIONS AGRICOLES

| | | | |
|---|---|---:|---|
| Céréales, | Froment | 105,66 | |
| — | Méteil | 5,538 | |
| — | Seigle | 14,612 | |
| — | Orge | 11,867 | 234,948 hectares. |
| — | Sarrasin | 21 | |
| — | Maïs et millet | » | |
| — | Avoine | 97,050 | |
| Farineux, | Légumes secs | 1,629 | |
| — | Pommes de terre | 9,748 | 29,347 |
| — | Betteraves | 17,970 | |

#### 2° PRODUITS INDUSTRIELS RÉSULTANT DES RÉCOLTES

| | | |
|---|---:|---|
| Chanvre | 127 | |
| Lin | 511 | 1,444 hectares. |
| Colza | 811 | |
| Vignes | 10,740 | — |

# AGRICULTURE.

Le reste se partage entre les étangs (2,000 hectares), les forêts, les emplacements de villes, de bourgs, de villages, fermes, les surfaces prises par les routes, les chemins de fer, les cimetières, etc.

On compte dans le département de Seine-et-Marne: 45,000 chevaux, 500,000 moutons, béliers ou brebis, 75,000 vaches et génisses, 8,000 veaux et 18,000 porcs.

Le territoire est d'une fertilité peu commune, mais les magnifiques résultats obtenus dans ces dernières années sont dus surtout à l'activité et à l'intelligence des agriculteurs. Les assolements ont été heureusement modifiés, et les engrais employés avec discernement. Les récoltes y sont non-seulement abondantes, mais encore variées. Le vin peu alcoolisé est par suite de qualité assez médiocre, mais en revanche le cidre qui se récolte dans les environs de Rebais est destiné à être aussi apprécié que celui de Normandie.

Les blés et les avoines de la *Brie*, appelée, avec raison, le *grenier de la France*, ont une réputation méritée. Le produit annuel des céréales dans le département est évalué à 66 millions, tandis que le produit total de toutes les autres récoltes ne s'élève guère qu'à 40 millions, dans lesquels comptent pour une portion notable les fruits à pepins et à noyaux, que produisent en abondance les vallées de la Marne, de l'Aubetin, du Grand et du Petit-Morin, le produit de la culture des roses si répandue à Brie-Comte-Robert et à Provins, où l'on trouve encore la rose médicinale apportée par les croisés, et surtout les raisins de treille si renommés, connus sous le nom de chasselas de Fontainebleau, cultivés en grande quantité à Thomery, dont le produit s'élève à plus de 500,000 francs par an.

La production forestière est représentée par un grand nombre de bois peu étendus, mais dont l'ensemble forme une superficie considérable. On compte en effet 104,077 hectares de forêts ou de bois dans le département. Les essences dominantes sont le chêne, le hêtre, le châtaignier, le charme, le bouleau, le merisier, le tilleul, le saule et le peuplier. La forêt de Fontainebleau renferme une certaine quantité d'arbres résineux et une variété d'alizier qui porte son nom. Les bois et les forêts les plus importants sont: la forêt d'Armainvilliers (4,325 hectares), qui se prolonge au midi sous les noms de forêt de l'Échelle et de bois de la Grange; la forêt de Crécy (4,970 hectares); la forêt de Jouy (1,400 hectares); la forêt de Fontainebleau (16,900 hectares), la plus grande du département, et à laquelle se rattachent le bois de Valence (1,580 hectares), à l'est, et le bois de la Commanderie, au sud; la forêt de Rougeau, dont une partie est située dans Seine-et-Oise, et à laquelle font suite des bois qui s'étendent sur la rive droite de la Seine jusque près de Melun; la forêt de Sourdun

(621 hectares). Ce sont encore les bois de Blandy, du Fresnoy, de Saint-Germain-Laval, de Saint-Martin, de Malvoisine (600 hectares), de Nanteau-sur-Lunain et de Villefermoy.

Les prairies naturelles et artificielles, dont le rendement est quatre ou cinq fois supérieur à celui qui est nécessaire pour la nourriture du bétail, couvrent un cinquième de la superficie du département; les céréales en occupent les deux cinquièmes, la vigne un quarante-quatrième, les forêts plus d'un cinquième, les jachères un septième.

La valeur du sol varie d'une commune à l'autre, au point que le revenu imposable est de 6 francs à Mondreville, tandis qu'il s'élève à 127 francs à Mareuil-lès-Meaux.

## XI. — Industrie.

Le département de Seine-et-Marne est principalement agricole; cependant il occupe une place honorable dans l'industrie.

A Château-Landon, Crouy, Lizy-sur-Ourcq, Poligny, Souppes, s'exploitent des carrières de pierre à bâtir qui sont d'une qualité supérieure et dont plusieurs variétés se rapprochent du marbre par la densité et le poli qu'elles peuvent recevoir. Les carrières de grès de Fontainebleau, qui fournissent à Paris les pavés de ses rues, occupent à elles seules, à Fontainebleau et dans ses environs, plus de 300 ménages. Les carriers désignent les diverses qualités de grès par les noms bizarres de *pif*, *paf* ou *pouf*. Le premier, nommé aussi *grisar*, est trop dur; le deuxième est celui qui sert pour le pavage; le troisième, mal agrégé, se réduit en sable sous les coups de masse. La quantité de pavés extraite de la forêt, avant 1848, s'élevait annuellement à environ 2 millions, dont le poids excédait 50 millions de kilogrammes. Les sables blancs de la forêt sont exploités pour les verreries et les manufactures de glace; on en expédie jusqu'en Angleterre. La forêt elle-même est l'objet d'une exploitation importante; les taillis sont coupés tous les trente ans et les futaies tous les cent vingt ans. Le produit moyen de ces coupes est évalué à la somme de 350,000 francs, chiffre souvent dépassé lors des coupes extraordinaires.

De nombreuses carrières à plâtre sont ouvertes dans les cantons de Claye, Crécy, Dammartin, Lagny, la Ferté-sous-Jouarre, etc.; il existe aussi des fabriques de chaux dans les cinq arrondissements. La fabrication des tuiles et briques occupe de nombreux ouvriers à Crouy-sur-Ourcq, Égreville, Gouaix, Jouy-le-Châtel, Montereau, Montigny, Salins, Villebéon, etc. Il y a des tourbières dans les cantons de Lizy-sur-Ourcq, Nangis et Provins. Les bancs considérables d'argile plastique, de terre à faïence et de terre réfractaire des environs de Salins, de la Grande-Paroisse, de Saint-Germain-Laval, alimentent les fabriques françaises, et leurs produits sont même exportés à l'étranger. Enfin, pour clore la série des industries qui tirent du sol leur matière première, il convient de signaler les nombreuses usines qui fabriquent des tuyaux de drainage à l'aide de machines, dont plusieurs appartiennent à l'État ; les manufactures de porcelaine opaque d'Avon, Fontainebleau (porcelaine d'art), Misy-sur-Yonne et de Montereau, qui occupe à elle seule plus de 700 ouvriers ; les fabriques de faïence ou de poteries brunes de Courbeton, Fontainebleau, Laval, le Mée, Melun, Montigny-Lencoup et Montereau. Enfin, parmi les richesses naturelles du sol qui sont l'objet d'une exploitation, il ne faut pas oublier la source d'eau minérale de Provins, où un établissement a été créé. Cette source d'eau minérale froide (7 à 8°), carbonatée, calcaire, ferrugineuse, gazeuse, débite 336 hectolitres d'eau en vingt-quatre heures. Cette eau s'emploie en boissons et en bains ; elle agit comme toutes les eaux ferrugineuses froides. Aux industries que nous venons de mentionner il convient d'ajouter les suivantes :

La *minoterie*. Il existe plus de 450 moulins sur les divers cours d'eau ; nous ne signalerons que ceux de Beaujard, Château-Landon, Chatenay, Chelles, Claye, Congis, Couilly, Coulommiers (trente paires de meules), Donnemarie, Dontilly, Étrépilly, Ferté-Gaucher, Fresnes, Grez, Lourps, Meaux (nombreux moulins sur la Marne, dont six occupent tout un côté du pont de pierre ; les minoteries de Meaux fabriquent annuellement 140,000 quintaux métriques de farine pour l'approvisionnement de Paris), Moret, Mouroux, Ormes-sur-Voulzie, Provins, Thieux, Villiers-sur-Morin, etc.

La *fabrication du sucre:* Bray-sur-Seine, Chauconin, Chevry-Cossigny, Coulommiers, Coupvray, Égligny, Guignes, Lieusaint, Lizy-sur-Ourcq, Meaux, Mitry-Mory, Montereau, Montevrain, Nangis, Ponthierry, Provins, Souppes, Villenoy, Vimpelles.

Les *râperies de betteraves :* Bussy-Saint-Georges, Montevrain, Villuis, etc.

Les *distilleries de betteraves et autres* (60 usines à vapeur) : Aubepierre, Brie-Comte-Robert, Champeaux, Crouy-sur-Ourcq, Donnemarie, la Ferté-sous-Jouarre, Fresnes, Guignes, Lieusaint, Machault, Mormant, Nangis, Noyen-sur-Seine, Rouvray, Salins, Thieux, Vert-Saint-Denis, etc.

Les *papeteries :* De Coulommiers à la Ferté-Gaucher, papeteries, très-importantes de Pontmolin, de Sainte-Marie, du Moulin-de-Boissy, de Saint-Remy, de Crèvecœur (papier du Timbre et de la Banque de France), de Jouy-sur-Morin (au Marais), de la Chair-aux-Gens, toutes sur le Grand-Morin et appartenant à la *Société du Marais et de Sainte-Marie*. — Papeteries de Château-Landon, du Moulin-d'Égreville, de la Celle et de Souppes.

Les *scieries mécaniques:* Chelles, Claye, la Ferté-sous-Jouarre, Lagny, Lizy-sur-Ourcq, Melun, Provins, Rebais, Sainte-Colombe, Saint-Pierre-lès-Nemours, Faremoutiers.

Les *meules de moulins:* la Ferté-sous-Jouarre (vingt-deux fabricants), Ozouer-le-Voulgis, Pringy, Seine-Port.

Les *fonderies* et *aciers:* Crécy-en-Brie (clous dorés), Esmans (acier poli), Grande-Paroisse (acier poli), Meaux, Poigny (acier poli), Provins, Thorigny, Touquin, Villeneuve-sur-Bellot (acier poli).

Les *gants:* Claye, Dammartin (1,200 ouvrières, en y comprenant celles des environs), Gretz, Fontainebleau, Mitry-Mory, Mesnil-Amelot, Montgé, Moussy-le-Neuf, Montereau.

Les *chocolats:* Bray, Dammarie-lès-Lys, Meaux, Melun, Noisiel (magnifique usine produisant annuellement 7 millions de kilogrammes, 500 ouvriers environ).

Les *imprimeries:* Coulommiers (trois), la Ferté-Gaucher, Fontainebleau (deux), Lagny, Meaux (trois), Melun (trois), Montereau (trois), Nangis, Provins (deux).

Les *produits chimiques:* Claye, Melun, Noisiel, Ponthierry.

L'industrie horticole: à Avon, Coulommiers, Dammarie, la Ferté-sous-Jouarre, la Ferté-Gaucher, la Rochette, Lieusaint, Meaux, on trouve d'importantes pépinières; à Brie-Comte-Robert, Coubert, Provins et Suisne, on se livre surtout à la culture des rosiers.

Les *tanneries, mégisseries:* Coulommiers, Crécy-en-Brie, Donnemarie, Fontainebleau, Lagny, Lizy-sur-Ourcq, Melun, Montereau, Montevrain (peausserie), Nemours, Provins, Rozoy, Villiers-sur-Morin.

Enfin, nous mentionnerons des fabriques de toiles peintes à Claye, une cuivrerie militaire à Lizy; une fabrique d'instruments de chirurgie à Bray-sur-Seine, de verres de lunettes à Sablonnières, de couverts en maillechort à Pommeuse, de pianos à Provins, de pâtes alimentaires à Provins, de dragées à Melun, Vasset (près Crouy-sur-Ourcq), Mitry-Mory (féculerie), Villeneuve-sur-Bellot; de brosses à Claye, Meaux, Melun, Nemours; de fleurs artificielles à Crouy, Mitry, Meaux, Tournan et Trilport; de passementeries à Chelles; de chapellerie à Bray, Crécy, Nemours et Rozoy-en-Brie; d'instruments aratoires à Étrépilly, la Ferté-sous-Jouarre, Lizy, Meaux, Melun, Provins, Rozoy, Villeneuve, etc., et disséminées dans le département quelques teintureries, vanneries, taillanderies, corderies, saboteries, et une verrerie à Bagneaux. La plupart des usines du département, établies sur les nombreux cours d'eau qui l'arrosent, sont mises en mouvement par des roues hydrauliques; cependant 450 établissements industriels ou agricoles emploient des machines à vapeur.

## XII. — Commerce, chemins de fer, routes.

Le département *importe* une partie des matières premières nécessaires à son industrie, telles que peluches et poils pour la chapellerie, chanvre et coton filés, étoffes à imprimer, chiffons, bois et fer à ouvrer, etc. Il *exporte* : des bois de construction et de chauffage, des charbons de bois, de la pierre à bâtir, de la chaux, du plâtre, des briques et tuiles, de l'argile, du papier et autres articles de papeterie; des toiles peintes, des articles de quincaillerie, d'ameublement et de toilette, des céréales, de la farine, des fourrages, des veaux et moutons engraissés, des volailles, du gibier, du vin, de l'alcool, du sucre, du chocolat, des conserves et des pâtes alimentaires, des faïences, des porcelaines, des meules de moulin, et enfin plusieurs millions de kilogrammes de l'excellent fromage de Brie (on évalue à 100,000 francs par semaine le produit de la vente des fromages de Brie sur le seul marché de Meaux). Paris est le débouché principal du département.

Le département est traversé par onze chemins de fer d'un développement total de 340,000 kilomètres, dépendant des lignes du Nord, de l'Est et de Lyon :

1° La ligne de Paris à Strasbourg, qui entre dans Seine-et-Marne à 1 kilomètre à l'ouest de Chelles, dessert les stations de Chelles, Lagny-Thorigny, Esbly, Meaux, Trilport, Changis, la Ferté-sous-Jouarre, Nanteuil-Saacy, et, 4 kilomètres au delà de cette station, sort du département après un parcours total de 61 kilomètres;

2° La ligne de Paris à Soissons entre dans Seine-et-Marne à 850 mètres avant le pont de Mitry, dessert les stations de Mitry-Claye, de Dammartin, et sort du département 1,500 mètres au delà de Rouvre, après un parcours de 17,500 mètres;

3° La ligne de Paris à Belfort entre dans Seine-et-Marne à 2 kilomètres de la station d'Émérainville-Pontault, dessert ensuite les stations d'Ozouer-la-Ferrière, Gretz, Villepatour, Coubert, Ozouer-le-Voulgis, Verneuil-Chaumes, Mormant, Grand-Puits, Nangis, Maison-Rouge, Longueville, Chalmaison, Flamboin-Gouaix, Hermé, Melz-sur-Seine, et, 1,100 mètres après cette dernière station, sort du département après un parcours de 80 kilomètres;

4° La ligne de Gretz à Coulommiers, en exploitation depuis 1863, qui doit être poursuivie jusqu'à la Ferté-Gaucher et Sézanne (Marne), s'embranche sur la ligne de Paris à Belfort à Gretz-Armainvilliers, et dessert les stations de Tournan, Marles-la-Houssaye, Mortcerf, Guérard, Faremoutiers, Pommeuse, Mourroux et Coulommiers; parcours, 33 kilomètres;

5° La ligne de Paris à Vincennes et à Brie-Comte-Robert entre dans Seine-et-Marne un peu avant la station de Santeny-Servon et atteint Brie-Comte-Robert; parcours, environ 4 kilomètres;

6° L'embranchement de Longueville à Provins; parcours, 6 kilomètres 800 mètres;

7° L'embranchement de Flamboin-Gouaix à Montereau, qui dessert les stations des Ormes, Vimpelles, Chatenay, Noslong (halte) et Montereau; parcours, 29 kilomètres;

8° La ligne de Paris à Lyon, qui entre dans Seine-et-Marne à 500 mètres en amont de Combs-la-Ville et dessert les stations de Combs-la-Ville, Lieusaint, Cesson, Melun, Bois-le-Roi, Fontainebleau, Thomery, Moret, Saint-Mammès, Montereau, et, 8 kilomètres plus loin, sort du département après un parcours de 61 kilomètres 500 mètres;

9° Le chemin de fer du Bourbonnais, qui s'embranche à Moret à la ligne de Paris à Lyon, remonte la rive gauche du canal du Loing, dessert les stations des Montigny, Bourron, Nemours, Souppes, et, 3 kilomètres plus loin, sort du département, après un parcours de 33 kilomètres;

10° Un embranchement allant directement de Villeneuve-Saint-Georges (Seine-et-Oise) à Montargis (Loiret) pour atteindre la ligne du Bourbonnais, coupe l'extrémité sud du département où il dessert la station de Beaumont-en-Gâtinais et le quitte après un parcours de 2,258 mètres;

11° Le chemin de fer à voie étroite, qui dessert Villeneuve-le-Comte et s'embranche sur la ligne de Paris à Strasbourg à la station de Lagny; son parcours est seulement de 12 kilomètres.

Canaux : Il existe dans le département cinq canaux de navigation, un dans l'arrondissement de Fontainebleau et quatre dans celui de Meaux.

1° *Le canal du Loing* (créé en 1719) unit la Seine et la Loire, son développement est de 57 kilomètres; la pente de 30 mètres 19 centimètres est rachetée par 22 écluses; le tirant d'eau, 1 mètre à 1 mètre 50 centimètres; parcours dans le département, 31 kilomètres;

2° *Le canal de l'Ourcq*, établi dans le but d'alimenter le canal Saint-Martin et de porter des eaux potables à Paris. Sa longueur totale est de 107,863 mètres, dont 67,700 mètres dans le département. Pente totale, 15 mètres 50 centimètres rachetés par vingt écluses, alimenté par l'Ourcq et le Clignon ; tirant d'eau, 1 mètre 20 centimètres ;

3° *Le canal de Chalifert* (1846), en y comprenant la branche alimentaire créée sur le Grand-Morin à Saint-Germain-lès-Couilly, a 15 kilomètres de parcours ;

4° *Le canal de Cornillon*, créé pour éviter à la batellerie la traversée de la ville de Meaux, en communication avec la Marne, n'a que 425 mètres de parcours ;

5° *Le canal de Chelles*, latéral à la Marne, ouvert le 23 octobre 1865, a pour but d'abréger la navigation ; son parcours est de 5 kilomètres 750 mètres.

Deux petits canaux souterrains, destinés à conduire à Paris les eaux de la Dhuys et de la Vanne, traversent de l'est à l'ouest les arrondissements de Meaux et de Fontainebleau.

Les voies de communications comptent 6,615 kilomètres, savoir :

| | | |
|---|---|---|
| 11 chemins de fer. . . . . . . . . . . . . . . | 340 kil. | |
| 10 routes nationales. . . . . . . . . . . . | 516 | |
| 41 routes départementales . . . . . . . . | 975 | |
| 1,805 chemins vicinaux. . . . { 90 de grande communication. . . . . . . 2,338$^k$ <br> 1,715 de petite communication. . . . . . . 2,103$^k$,500 } | 4,444$^k$,500 | |
| 4 rivières navigables. . . . . . . . . . . . . | 223 | |
| 5 canaux. . . . . . . . . . . . . . . . . . . | 119,800 mèt. | |

## XIII. — Dictionnaire des communes.

**Achères**, 672 h., c. de la Chapelle-la-Reine. ⟶ Église avec portail roman et chœur de la Renaissance. — Beaux rochers.

**Amillis**, 846 hab., c. de la Ferté-Gaucher. ⟶ Église des $xi^e$, $xii^e$, $xiii^e$ et $xvi^e$ s. — Chapelle construite près de la fontaine de Ste-Floberde.

**Amponville**, 374 h., c. de la Chapelle-la-Reine.

**Andrezel**, 330 h., c. de Mormant.

**Ange-le-Viel (Saint-)**, 129 h., c. de Lorrez-le-Bocage.

**Annet-sur-Marne**, 889 h., c. de Claye.

**Arbonne**, 199 h., c. (sud) de Melun. ⟶ Église du $xiii^e$ s., remaniée au $xv^e$; fragments de vitraux du $xv^e$; beau Christ en ivoire. — Rochers pittoresques.

**Argentières**, 157 h., c. de Mormant.

**Armentières**, 510 h., c. de Lizy-sur-Ourcq. ⟶ Tumulus. — Pompes d'Iles-les-Meldeuses, qui prennent 40,000 mèt. cubes d'eau à la Marne par jour et les déversent dans le canal de l'Ourcq.

**Arville**, 256 h., c. de Château-Landon.

**Aubepierre**, 376 h., c. de Mormant.

**Aufferville**, 616 h., c. de Château-Landon.

**Augers**, 405 h., c. de Villiers-Saint-Georges. ⟶ Église du $xii^e$ s.

**Augustin (Saint-)**, 1,096 h., c. de Coulommiers.
**Aulde (Sainte-)**, 342 h., c. de la Ferté-sous-Jouarre.
**Aulnoy**, 379 h., c. de Coulommiers. ⇒ Château gothique de la Houssière; château du Ru. — Église du XIIe s.: chœur du XIIIe s., stalles sculptées de 1531.
**Avon**, 1,926 h., c. de Fontainebleau. ⇒ Dans l'église, en partie ogivale, tombeaux de Monaldeschi, de Daubenton et de Bezout. — Viaduc de Changis: 50 arches de 10 m. d'ouverture sur 20 m. de haut.
**Baby**, 121 h., c. de Bray-sur-Seine.
**Bagneaux**, 482 h., c. de Nemours.
**Bailly-Carrois**, 282 h., c. de Mormant, sur un ruisseau qui se perd dans la terre.
**Bailly-Romainvilliers**, 314 h., c. de Crécy. ⇒ Restes d'un château fort (XIVe s.).
**Balloy**, 292 h., c. de Bray-sur-Seine.
**Bannost**, 455 h., c. de Nangis.
**Barbey**, 197 h., c. de Montereau. ⇒ Château.
**Barcy**, 274 h., c. de Lizy-sur-Ourcq.
**Barthélemy (Saint-)**, 427 h., c. de la Ferté-Gaucher.
**Bassevelle**, 432 h., c. de la Ferté-sous-Jouarre.
**Bazoches-lès-Bray**, 755 h., c. de Bray-sur-Seine.
**Beauchery**, 549 h., c. de Villiers-Saint-Georges.
**Beaumont-en-Gâtinais**, 1,502 h., c. de Château-Landon. ⇒ Grande église des XIIe et XIIIe s. avec un bas-côté. — Restes d'un château de Jacques Cœur.
**Beautheil**, 594 h., c. de Coulommiers.
**Beauvoir**, 215 h., c. de Mormant.
**Bellot**, 844 h., c. de Rebais.
**Bernay**, 405 h., c. de Rozoy-en-Brie.
**Beton-Bazoches**, 658 h., c. de Villiers-Saint-Georges. ⇒ Église à trois nefs du XIIe s.
**Bezalles**, 180 h., c. de Nangis.
**Blandy**, 619 h., c. du Châtelet. ⇒ Château féodal du XIVe s.; donjon haut de 35 m.; porte fortifiée. — Vaste église du XIVe s.

**Blennes**, 805 h., c. de Lorrez-le-Bocage.
**Bois-le-Roi**, 1,029 h., c. de Fontainebleau.
**Boisdon**, 127 h., c. de Nangis.
**Boissettes**, 155 h., c. (nord) de Melun.
**Boissise-la-Bertrand**, 295 h., c. (nord) de Melun.
**Boissise-le-Roi**, 280 h., c. (sud) de Melun.
**Boissy-aux-Cailles**, 357 h., c. de la Chapelle-la-Reine.
**Boissy-le-Chatel**, 1,160 h., c. de Coulommiers. ⇒ Restes d'un château du XIIIe s.
**Boitron**, 244 h., c. de Rebais.
**Bombon**, 765 h., c. de Mormant. ⇒ Château du XVIIe s.
**Boulancourt**, 211 h., c. de la Chapelle-la-Reine.
**Bouleurs**, 387 h., c. de Crécy.
**Bouligny**, 668 h., c. de Château-Landon.
**Bourron**, 1,178 h., c. de Nemours.
**Boutigny**, 613 h., c. de Crécy.
**Bransles**, 714 h., c. de Château-Landon.
**Bray-sur-Seine**, 1,598 h., ch.-l. de c., arr. de Provins. ⇒ Église des XIIe et XVIe s. — Pont de 22 arches à plein cintre (1498), sur la Seine.
**Bréau**, 218 h., c. de Mormant.
**Brice (Saint-)**, 400 h., c. de Provins.
**Brie-Comte-Robert**, 2,770 h., sur un affluent de l'Yères, ch.-l. de c. de l'arr. de Melun. ⇒ Église *Saint-Étienne* (monument historique de la fin du XIIe et du XIIIe s.); la façade est de la Renaissance, sauf la porte centrale et celle de gauche, qui sont du XIIIe s.; le clocher est du XIIIe s. Au chevet on remarque une rose encadran un admirable vitrail du XIIIe s. Les bas côtés sont surmontés de galeries. Les chapelles latérales datent des XIVe, XVe et XVIe s. — Façade de l'ancien hôpital (XIIIe s.), composée de six admirables arcatures, séparées en deux groupes par une belle porte. — Ruines du château des comtes de Brie (XIIe s.).
**Brosse-Montceaux (La)**, 400 h., c. de Montereau.
**Brou**, 157 h., c. de Lagny.

**Burcy**, 368 h., c. de la Chapelle-la-Reine.
**Bussières**, 290 h., c. de la Ferté-sous-Jouarre.
**Bussy-Saint-Georges**, 518 h., c. de Lagny.
**Bussy-Saint-Martin**, 213 h., c. de Lagny. ⟶ Église, chœur du XIII° s.
**Buthiers**, 448 h., c. de la Chapelle-la-Reine.
**Cannes**, 668 h., c. de Montereau.
**Carnetin**, 183 h., c. de Claye.
**Celle-sous-Moret (La)**, 247 h., c. de Moret. — Château de Graville ayant appartenu à la duchesse de Verneuil.
**Celle-sur-Morin (La)**, 814 h., c. de Coulommiers.
**Cély**, 513 h., c. (sud) de Melun. ⟶ Église du XIII° s., vitraux du XV°, grille en bois de la Renaissance. — Château dit de Jacques Cœur (XV° s.).
**Cerneux**, 503 h., c. de Villiers-Saint-Georges. ⟶ Château de Montglas.
**Cesson**, 393 h., c. (nord) de Melun.
**Cessoy**, 282 h., c. de Donnemarie.
**Chailly-en-Bière**, 1,045 h., c. (sud) de Melun. ⟶ Église; nef du XIII° s., chœur et chapelle du XXI° s. — Hameau de Barbison, séjour favori des paysagistes.
**Chailly-en-Brie**, 827 h., c. de Coulommiers. ⟶ Église du XIII° s.; au tympan de la porte, Crucifixion peinte au XV° s. (?); statue de la Vierge du XIV° s. — Château. — Étangs.
**Chaintreaux**, 1,100 h., c. de Château-Landon.
**Chaintreauville**, V. Saint-Pierre-lès-Nemours.
**Chalautre-la-Grande**, 995 h., c. de Villiers-Saint-Georges.
**Chalautre-la-Petite**, 670 h., c. de Provins.
**Chalautre-la-Réposte**, 188 h., c. de Donnemarie.
**Chalifert**, 242 h., c. de Lagny, près du canal dit de Chalifert.
**Chalmaison**, 465 h., c. de Bray-sur-Seine.
**Chambry**, 521 h., c. de Meaux.
**Chamigny**, 657 h., c. de la Ferté-sous-Jouarre. ⟶ Église, mélange des styles roman et ogival; crypte (mon. hist.) du XII° s., voûtée, à ogives.
**Champagne**, 477 h., c. de Moret.
**Champcenest**, 296 h., c. de Villiers-Saint-Georges.
**Champdeuil**, 209 h., c. de Mormant.
**Champeaux**, 550 h., c. de Mormant. ⟶ Église (mon. hist.) du XII° et du XIII° s. : bas côtés tournant en carré autour du chœur; œils-de-bœuf tenant lieu de triforium et de fenêtres supérieures; stalles sculptées.
**Champs**, 813 h., c. de Lagny. ⟶ Beau château du XVIII° s.
**Changis**, 252 h., c. de la Ferté-sous-Jouarre. ⟶ Viaduc sur la Marne, long de 70 m. sur 20 m. de hauteur.
**Chanteloup**, 201 h., c. de Lagny. ⟶ Église du XV° s., restaurée.
**Chapelle-Gauthier (La)**, 774 h., c. de Mormant.
**Chapelle-Iger (La)**, 187 h., c. de Rozoy.
**Chapelle-la-Reine (La)**, 836 h., ch.-l. de c., arr. de Fontainebleau. ⟶ Église du XV° s. (mon. hist.). — Puits de 72 m. de profondeur.
**Chapelle-Rabelais (La)**, 525 h., c. de Nangis.
**Chapelle-Saint-Sulpice (La)**, 166 h., c. de Provins.
**Chapelle-sur-Crécy (La)**, 923 h., c. de Crécy. ⟶ Église (mon. hist.) du XIII° et du XIV° s., remaniée au XV° s. : tour carrée, flèche octogonale en charpente, cuve baptismale de 1551, remarquable portail latéral du S.; groupe en pierre du XV° s., représentant la Trinité.
**Chapelle-Véronges (La)**, 505 h., c. de la Ferté-Gaucher.
**Chapelles-Bourbons (Les)**, 86 h., c. de Rozoy.
**Charmentray**, 170 h., c. de Claye. ⟶ Église de la Renaissance.
**Charny**, 480 h., c. de Claye.
**Chartrettes**, 595 h., c. du Châtelet. ⟶ Château du Pré.
**Chartronges**, 184 h., c. de la Ferté-Gaucher.
**Château-Landon**, 2,724 h., sur le Fusain, ch.-l. de c., arr. de Fontainebleau. ⟶ Maison abbatiale de Saint-Séverin (XII°, XV° et XVI° s.). — Tour

Ugalde. — Église *Notre-Dame* (mon. hist.) : 3 portails romans, chœur roman, clocher du xiii° s. — Restes de l'hôpital du xiii° s.; de l'église *Saint-André* (xii° s.). — Maison dite *la Monnaie* (xiii° s.).

**Châteaubleau**, 233 h., c. de Nangis. ⇒ C'est le *Riobe* de la carte de Peutinger. — Vestiges d'un théâtre romain. — 60 puits, disposés sur une longueur de 1 kil. et sur deux lignes parallèles distantes de 50 m., dans lesquels on a trouvé des bois de cerfs, des haches en silex et des monnaies romaines.

**Châtelet-en-Brie (Le)**, 968 h., ch.-l. de c., arr. de Melun. ⇒ Église du xiii° ou du xiv° s.

**Chatenay-sur-Seine**, 705 h., c. de Donnemarie.

**Chatenoy**, 184 h., c. de Nemours.

**Châtillon-la-Borde**, 206 h., c. du Châtelet. ⇒ Ruines d'un château de Gabrielle d'Estrées.

**Châtres**, 533 h., c. de Tournan. ⇒ Église du xii° s.

**Chauconin**, 242 h., c. de Meaux.

**Chauffry**, 453 h., c. de Rebais.

**Chaumes**, 1,795 h., c. de Tournan. ⇒ Église du xiii° s., tableau de Philippe de Champaigne.

**Chelles**, 2,500 h., c. de Lagny. ⇒ *Pierre de Chilpéric* ou *croix de Saint-Bauteur* (mon. hist.); colonne du xii° s. indiquant le lieu où Chilpéric 1er fut massacré par ordre de Frédégonde, en 584.

**Chenoise**, 1,088 h., c. de Provins.

**Chenou**, 418 h., c. de Château-Landon. ⇒ Église romane, porche digne d'intérêt.

**Chessy**, 550 h., c. de Lagny.

**Chevrainvilliers**, 506 h., c. de Nemours.

**Chevru**, 485 h., c. de la Ferté-Gaucher.

**Chevry-Cossigny**, 800 h., c. de Brie-Comte-Robert. ⇒ Restes du château de Cossigny.

**Chevry-en-Sereine**, 634 h., c. de Lorrez-le-Bocage.

**Choisy-en-Brie**, 1,145 h., c. de la Ferté-Gaucher. ⇒ Restes de fossés et de tourelles.

**Citry**, 676 h., c. de la Ferté-sous-Jouarre. ⇒ Église : portail roman.

**Claye-Souilly**, 1,667 h., ch.-l. de c., arr. de Meaux.

**Clos-Fontaine**, 168 h., c. de Mormant.

**Cocherel**, 440 h., c. de Lizy-sur-Ourcq.

**Collégien**, 179 h., c. de Lagny.

**Colombe (Sainte-)**, 619 h., c. de Provins. ⇒ Église du xii° s.

**Combs-la-Ville**, 676 h., c. de Brie-Comte-Robert. ⇒ Église du xiii° s.

**Compans**, 204 h., c. de Claye.

**Conches**, 110 h., c. de Lagny.

**Condé-Saint-Libiaire**, 559 h., c. de Crécy.

**Congis**, 902 h., c. de Lizy-sur-Ourcq.

**Coubert**, 590 h., c. de Brie-Comte-Robert. ⇒ Église du xiii° s.; château ayant appartenu à Samuel Bernard, célèbre financier.

**Couilly**, 552 h., c. de Crécy. ⇒ Église des xiii° et xv° s.

**Coulombs**, 546 h., c. de Lizy-sur-Ourcq.

**Coulommes**, 585 h., c. de Crécy.

**Coulommiers**, 5,240 h., sur le Grand-Morin, ch.-l. d'arr. et de c. ⇒ Église *Saint-Denis* (xi°, xiii° et xvi° s.); vitraux intéressants du xvi° s. et modernes. — Palais de justice (1865). — Ruines d'un château du xvii° s. — *Commanderie de l'Hôpital*, aujourd'hui ferme (xvi° s., chapelle du xiii°).

**Coupvray**, 452 h., c. de Lagny. ⇒ Beau château moderne.

**Courcelles**, 185 h., c. de Montereau. ⇒ Tumulus de Mont-à-Pot. — Ruines du château de Changis.

**Courchamp**, 181 h., c. de Villiers-Saint-Georges.

**Courpalay**, 868 h., c. de Rozoy. ⇒ Château de la Grange, ayant appartenu à Lafayette.

**Courquetaine**, 242 h., c. de Tournan. ⇒ Beau château.

**Courtacon**, 548 h., c. de Villiers-Saint-Georges.

**Courtomer**, 347 h., c. de Mormant. ⇒ Menhir. — Église à trois nefs du xiii° s., restaurée.

**Courtry**, 470 h., c. de Claye.

Coulommiers.

**Coutençon**, 252 h., c. de Donnemarie.
**Coutevroult**, 369 h., c. de Crécy.
**Crécy**, 934 h., ch.-l. de c., arr. de Meaux. ⟶ Ruines des anciennes fortifications.
**Crégy**, 321 h., c. de Meaux.
**Crèvecœur**, 106 h., c. de Rozoy. ⟶ uines d'un château féodal.
**Crisenoy**, 421 h., c. de Mormant.
**Croissy-Beaubourg**, 247 h., c. de Lagny.
**Croix-en-Brie (La)**, 783 h., c. de Nangis. ⟶ Église du XIIIᵉ ou XIVᵉ s. — Restes du château de Sossoy.
**Crouy-sur-Ourcq**, 1,198 h., c. de Lizy-sur-Ourcq. ⟶ Église du XVIᵉ s.; tour romane. — Tour du château.
**Cucharmoy**, 335 h., c. de Provins.
**Cuizy**, 147 h., c. de Dammartin.
**Cyr-sur-Morin (Saint-)**, 1,526 h., c. de Rebais. ⟶ Église (mon. hist.) du XIIIᵉ s.
**Dagny**, 265 h., c. de la Ferté-Gaucher.
**Dammarie-lès-Lys**, 1,219 h., c. (sud) de Melun. ⟶ Ruines de l'abbaye du Lys, fondée par la reine Blanche. — Église du XIIᵉ s., reconstruite en 1859; grille en fer forgé et autres objets d'art provenant de l'ancienne abbaye.
**Dammartin-en-Goële**, 1,780 h., ch.-l. de c., arr. de Meaux. ⟶ Ancienne église collégiale Notre-Dame (1480) à 2 nefs égales: beau portail; chœur à pans coupés; tombeau ogival et statue d'Antoine de Chabannes. — Église Saint-Jean en croix grecque (XIIIᵉ-XVᵉ s.). — Belle promenade établie sur les ruines d'un château féodal; vue splendide.
**Dammartin-sous-Tigeaux**, 499 h., c. de Rozoy.
**Dampmart**, 712 h., c. de Lagny.
**Denis-les-Rebais (Saint-)**, 709 h., c. de Rebais.
**Dhuizy**, 517 h., c. de Lizy-sur-Ourcq.
**Diant**, 559 h., c. de Lorrez-le-Bocage. ⟶ Pierre levée dite *Pierre aux couteaux*.
**Donnemarie-en-Montois**, 1,031 h., ch.-l. de c., arr. de Provins. ⟶ Église (mon. hist.) du XIIIᵉ s.: portail en plein cintre du XIIIᵉ s., portail latéral roman, clocher en partie du XIVᵉ s.; cloître du XVIᵉ s., bien conservé. — Restes de l'abbaye cistercienne de Preuilly (XIIIᵉ s.).
**Dontilly**, 792 h., c. de Donnemarie. ⟶ Église du XIVᵉ s. — Restes du château de Bescherelles.
**Dormelles**, 671 h., c. de Moret. ⟶ Église du XIIIᵉ s. avec piliers octogones. — Château de Challeau (XVᵉ s.), bâti par François Iᵉʳ.
**Doue**, 1,006 h., c. de Rebais. ⟶ Église du XIIIᵉ s., beaux vitraux, fonts du XIᵉ s. — Château. — Menhir.
**Douy-la-Ramée**, 201 h., c. de Lizy-sur-Ourcq.
**Échouboulains**, 555 h., c. du Châtelet, sur un ruisseau qui se perd sous terre.
**Écrennes (Les)**, 292 h., c. du Châtelet.
**Écuelles**, 312 h., c. de Moret. ⟶ Pierre celtique.
**Égligny**, 416 h., c. de Donnemarie. ⟶ Église du XVᵉ s. — Ferme de la Pescherie, restes d'un château fort.
**Égreville**, 1,761 h., c. de Lorrez-le-Bocage. ⟶ Château du XVᵉ s., reconstruit par François Iᵉʳ.
**Émerainville**, 199 h., c. de Lagny.
**Épizy**, 261 h., c. de Moret.
**Esbly**, 471 h., c. de Crécy.
**Esmans**, 557 h., c. de Montereau. ⟶ Église dont le chœur est du XIIIᵉ s.; tombeau de Guillaume Briçonnet, évêque de Meaux (1534).
**Étrépilly**, 600 h., c. de Lizy-sur-Ourcq. ⟶ Église de la Renaissance.
**Éverly**, 470 h., c. de Bray-sur-Seine.
**Évry-les-Châteaux**, 597 h., c. de Brie-Comte-Robert. ⟶ Église du XIIᵉ ou du XIIIᵉ s. — Château du XVIᵉ s.
**Faremoutiers**, 860 h., c. de Rozoy. ⟶ Caves de l'ancien couvent.
**Fargeau (Saint-)**, 1,085 h., c. (sud) de Melun.
**Favières**, 739 h., c. de Tournan.
**Fay**, 295 h., c. de Nemours.
**Féricy**, 542 h., c. du Châtelet. ⟶ Église du XIIIᵉ s.; beaux vitraux de 1534, bénitier ancien et curieux, tabernacle donné par Anne d'Autriche.

Château de Ferrières (à M. de Rothschild).

**Ferrolles-Attilly**, 259 h., c. de Brie-Comte-Robert. ⟶ Château ruiné.

**Ferrières**, 797 h., c. de Lagny. ⟶ Magnifique château moderne de M. de Rothschild. Bibliothèque de 8,000 volumes et splendide musée. — Jolie église du XIIIe s. (mon. hist.).

**Ferté-Gaucher (La)**, 2,128 h., ch.-l. de c., arr. de Coulommiers. ⟶ Église du XVe ou du XVIe s. — Hôtel-Dieu fondé en 1252. — *Maison-Dieu*, ancien château de prieurs.

**Ferté-sous-Jouarre (La)**, 4,771 h., ch.-l. de c., arr. de Meaux. ⟶ Château de l'Ile (XVIIe s.). — Château de la Barre. — Beau pont sur la Marne.

**Fiacre (Saint-)**, 215 h., c. de Crécy.

**Flagy**, 413 h., c. de Lorrez-le-Bocage.

**Fleury-en-Bière**, 510 h., c. (sud) de Melun. ⟶ Château du XVe s.

**Fontaine-Fourches**, 777 h., c. de Bray-sur-Seine. ⟶ Église du XIIe s.

**Fontaine-le-Port**, 290 h., c. du Châtelet. ⟶ Ruines d'une abbaye.

**Fontaine-sous-Montaiguillon**, 214 h., c. de Villiers-Saint-Georges. ⟶ Ruines du château de Montaigu.

**Fontainebleau**, 11,655 h., ch.-l. de c., sur la rive g. et à 5 kil. de la Seine, au milieu de la forêt du même nom. ⟶ Le château de Fontainebleau a été transformé par François Ier, et modifié au XVIe s. jusqu'à nos jours, agrandi ou modifié par la plupart des souverains. On y remarque les cours, au nombre de cinq. La *cour du Cheval-Blanc* ou *des Adieux*, qui mesure 152 m. de largeur.

La *cour de la Fontaine*. — La *porte Dorée*, élevée sous François Ier, d'après les dessins de Primatice, et restaurée en 1835 par Picot.

La *cour Ovale*, ou *cour du Donjon*.

La *porte Dauphine* ou *Baptistère*.

La *cour des Offices* ou de *Henri IV*, longue de 87 m., large de 78 m. — La *cour des Princes*.

La *chapelle de la Sainte-Trinité*, bâtie par François Ier, qui a une voûte décorée de peintures par Fréminet, sous le règne de Henri IV. — Le *vestibule du Fer-à-Cheval*. — La *galerie des Fresques*, où l'on voit des peintures d'Ambroise Dubois (XVIe s.), nommée aussi *galerie des Assiettes*. — Les *appartements des reines mères*, où logea le pape Pie VII, renfermant d'anciennes tapisseries des Gobelins. — Les *appartements de Napoléon Ier*, où l'on voit dans le *cabinet de l'Abdication* le guéridon sur lequel cet acte fut signé. — La *salle du Conseil*, peintures de Boucher. — La *salle du Trône*, beau lustre en cristal de roche. — La *galerie de Diane*, reconstruite sous Napoléon Ier. — Les *appartements des Chasses*, tableaux des chasses de Louis XV. — Les *grands appartements* qui comprennent : le *salon des Tapisseries* et le *salon de François Ier*, tapisseries des Gobelins ; le *salon de Louis XIII*, où ce roi naquit en 1601. — La *salle de Saint-Louis*, dans le pavillon du même nom, statue équestre de Henri IV. — Le *salon de Louis XV*, où l'on voit le portrait de Diane de Poitiers attribué au Primatice. — La *galerie de Henri II* ou *salle des Fêtes* (30 m. sur 10), la merveille du château. — La *chapelle Saint-Saturnin*, où Pie VII disait la messe pendant son séjour à Fontainebleau. — La *galerie de François Ier* (60 m. 31 c. sur 5 m. 54 c.), peintures du Rosso et du Primatice.

Le château est entouré de trois jardins : le *parterre* (3 hect.), le *jardin Anglais* et le *jardin du Roi* ou *de l'Orangerie*. Près du jardin Anglais est l'*étang* (4 hect.). Au nord du parc est la *treille du Roi*, qui fournit, année moyenne, 3,000 à 4,000 kil. d'excellent chasselas.

Dans les bâtiments du *Manége* est établi provisoirement l'*École d'application de l'artillerie*, qui existait à Metz avant 1870.

Dans la ville, restes d'anciens hôtels des XVIe et XVIIIe s.; statue du général Damesme sur la place centrale ; buste de Decamps sur la place de la nouvelle sous-préfecture.

**Fontains**, 253 h., c. de Nangis.

**Fontenailles** 712 h., c. de Mormant. Étangs.

Château de Fontainebleau, vu à vol d'oiseau.

**Fontenay-Trésigny**, 1,292 h., c. de Rozoy. ⟶ Église du XIIIᵉ s.; clocher; fonts du XVIᵉ s. — Château ayant appartenu au duc d'Épernon. — Restes de l'ancienne enceinte. — Ruines du château royal du Vivier-en-Brie (XIVᵉ s.), avec chapelle à deux étages.
**Forfry**, 165 h., c. de Dammartin.
**Forges**, 229 h., c. de Montereau.
**Fouju**, 260 h., c. de Mormant.
**Fresnes**, 394 h., c. de Claye. ⟶ Chapelle bâtie par Mansart.
**Frétoy**, 184 h., c. de Nangis.
**Fromont**, 340 h., c. de la Chapelle-a-Reine.
**Fromonville**, 681 h., c. de Nemours.
**Fublaines**, 365 h., c. de Meaux.
**Garentreville**, 172 h., c. de Nemours.
**Gastins**, 638 h., c. de Nangis. ⟶ Église du XIIᵉ s., beau clocher.
**Genevraye (La)**, 270 h., c. de Nemours.
**Germain-Laval (Saint-)**, 459 h., c. de Montereau.
**Germain-Laxis (Saint-)**, 195 h., c. (nord) de Melun.
**Germain-lès-Couilly (Saint-)**, 474 h., c. de Crécy.
**Germain-sous-Doue (Saint-)**, 565 h., c. de Rebais.
**Germain-sur-École (Saint-)**, 175 h., c. (sud) de Melun.
**Germigny-l'Évêque**, 529 h., c. de Meaux.
**Germigny-sous-Colombs**, 259 h., c. de Lizy-sur-Ourcq.
**Gesvres**, 89 h., c. de Dammartin.
**Giremoutiers**, 125 h., c. de Coulommiers.
**Gironville**, 265 h., c. de Château-Landon.
**Gouaix**, 1,005 h., c. de Bray-sur-Seine.
**Gouvernes**, 592 h., c. de Lagny. ⟶ Église du XIIIᵉ s.
**Grande-Paroisse (La)**, 1,054 h., c. de Montereau. ⟶ Obélisque de la Reine, en marbre, élevé à l'endroit où Louis XV reçut Marie Leczinska lors de son arrivée en France (1725).
**Grandpuits**, 522 h., c. de Mormant. ⟶ Ruines d'un château du XIIᵉ s., dans l'enceinte duquel l'église a été construite au XIIIᵉ s.
**Gravon**, 111 h., c. de Bray-sur-Seine.
**Grégy**, 153 h., c. de Brie-Comte-Robert.
**Gressy**, 65 h., c. de Claye.
**Gretz**, 654 h., c. de Tournan. ⟶ Ruines d'une tour du XIIᵉ s. — Château Pereire, près de la forêt d'Armainvilliers.
**Grez**, 565 h., c. de Nemours. ⟶ Ruines d'une tour du XIIᵉ s.
**Grisy-Suisnes**, 976 h., c. de Brie-Comte-Robert. ⟶ Château de la Grange-le-Roi (XVIᵉ s.).
**Grisy-sur-Seine**, 178 h., c. de Bray-sur-Seine.
**Guérard**, 1489 h., c. de Coulommiers. ⟶ Église du XIIIᵉ s., restaurée depuis 1852. — Château de Rouilly-le-Bas.
**Guercheville**, 561 h., c. de la Chapelle-la-Reine.
**Guermantes**, 165 h., c. de Lagny.
**Guignes**, 1,000 h., c. de Mormant.
**Gurcy-le-Chatel**, 256 h., c. de Donnemarie.
**Hautefeuille**, 113 h., c. de Rozoy.
**Haute-Maison (La)**, 296 h., c. de Crécy. ⟶ Étangs.
**Héricy**, 1,045 h., c. du Châtelet. ⟶ Église des XIIIᵉ et XVIᵉ s.
**Hermé**, 712 h., c. de Bray-sur-Seine. ⟶ Dans l'église, croix processionnelle en argent du XIIᵉ s.
**Hilliers (Saint-)**, 608 h., c. de Provins.
**Hondevilliers**, 278 h., c. de Rebais.
**Houssaye (La)**, 585 h., c. de Rozoy. ⟶ Église en partie des XIIIᵉ et XIVᵉ s. — Beau château (XVIᵉ s.).
**Ichy**, 508 h., c. de Château-Landon.
**Isles-lès-Villenoy**, 252 h., c. de Claye.
**Iverny**, 525 h., c. de Claye.
**Jablines**, 214 h., c. de Lagny.
**Jaignes**, 557 h., c. de Lizy-sur-Ourcq.
**Jaulnes**, 554 h., c. de Bray-sur-Seine. ⟶ Belle église du XIIIᵉ s.
**Jean-les-Deux-Jumeaux (Saint-)**, 565 h., c. de la Ferté-sous-Jouarre.
**Jossigny**, 487 h., c. de Lagny.
**Jouarre**, 2,519 h., c. de la Ferté-sous-Jouarre. ⟶ Église; châsses remarquables, dont une du XIIIᵉ s., bénitier du XIIIᵉ s. — Restes de l'abbaye fondée au VIIᵉ s.; crypte qui s'étend sous le cimetière. Cette crypte se com-

pose de deux salles dont les voûtes, refaites au Xe ou au XIe s., sont supportées par de belles colonnes en marbres exotiques provenant d'un monument gallo-romain. La première salle, dite *chapelle Saint-Paul*, soutenue par six colonnes, renferme sept sarcophages, dont les plus remarquables sont ceux de saint Agilbert, de sainte Telchide, de l'abbesse Mode et d'Adon (?), antérieurs au XIe s., et le tombeau de sainte Osanne, surmonté d'une magnifique statue du XIIIe s. Un double passage met la chapelle Saint-Paul en communication avec la seconde crypte, dédiée à saint Ébrégisile, évêque de Meaux, et renfermant son tombeau. — Dans le cimetière, croix (mon. hist.) du XIIIe s. — Restes d'un château du XVe s.

**Jouy-le-Chatel**, 1,550 h., c. de Nangis. ⟶ Restes de murs d'enceinte, de

Galerie de François Ier, à Fontainebleau.

portes, etc.; château moderne de Vigneaux avec un donjon du XIIIe s. — Église du XVIe s.

**Jouy-sur-Morin**, 1,940 h., c. de la Ferté-Gaucher.

**Juilly**, 1,025 h., c. de Dammartin. ⟶ Collége ecclésiastique, dans une abbaye de Saint-Victor (XVIIe s.); dans la chapelle, tombeau et statue du cardinal de Bérulle, fondateur, en France, de l'ordre de l'Oratoire. — Beau parc avec marronniers gigantesques, plantés, dit-on, vers 1550.

**Just (Saint-)**, 204 h., c. de Nangis.

**Jutigny**, 317 h., c. de Donnemarie.

**Lagny**, 4,272 h., ch.-l. de c., arr. de Meaux. ⟶ Église (mon. hist.); chœur d'un vaste édifice commencé au XIIIe s. et laissé inachevé au XIVe s.; débris romans; anciens bâtiments monastiques du XVIIe s., affectés à divers services publics. — Débris de l'église Saint-Furcy; belle façade ogivale de l'église (XVIe s.). — Porte fortifiée du XIIIe s. — Fontaine du XIIIe s.

**Larchant**, 621 h., c. de la Chapelle-la-Reine. ⟶ Beaux rochers.— Église (mon. hist.) du XIIIᵉ s., tour (XIIIᵉ et XIVᵉ s.) de 72 m. de haut, — porte ornée de sculptures.

**Laval**, 449 h., c. de Montereau. ⟶ Belle église du XIIIᵉ s., dont la partie antérieure a été supprimée.

**Léchelle**, 488 h., c. de Villiers-Saint-Georges.

**Léger (Saint-)**, 212 h., c. de Rebais.

**Lescherolles**, 540 h., c. de la Ferté-Gaucher.

**Lesches**, 132 h., c. de Lagny.

**Lésigny**, 415 h., c. de Brie-Comte-Robert. ⟶ Château du XVIᵉ s. ayant appartenu au maréchal d'Ancre.

**Leudon**, 158 h., c. de la Ferté-Gaucher.

**Lieusaint**, 686 h., c. de Brie-Comte-Robert.

**Limoges-Fourches**, 195 h., c. de Brie-Comte-Robert.

**Lissy**, 150 h., c. de Brie-Comte-Robert. ⟶ Ancien château.

**Liverdy**, 462 h., c. de Tournan. ⟶ Église à trois nefs du XVᵉ s.

**Livry**, 260 h., c. (nord) de Melun. ⟶ Ruines nombreuses.

**Lizines-Sognolles**, 140 h., c. de Donnemarie. ⟶ Église du XIIIᵉ s.

**Lizy-sur-Ourcq**, 1,666 h., ch.-l. de c., arr. de Meaux.

**Lognes**, 216 h., c. de Lagny.

**Longperrier**, 541 h., c. de Dammartin. ⟶ Église avec curieux détails du XVIᵉ s.; pierre tombale du XIVᵉ s.

**Lorrez-le-Bocage**, 831 h., ch.-l. de c., arr. de Fontainebleau. ⟶ Église du XIIIᵉ s., restaurée avec flèche en pierre. — Château du XVIᵉ s.

**Louan**, 959 h., c. de Villiers-Saint-Georges. ⟶ Ruines importantes du château de Moutaiguillon.

**Loup-de-Naud (Saint-)**, 740 h., c. de Provins. ⟶ Église de *Saint-Loup-de-Naud* des XIᵉ et XIIᵉ s. (mon. hist.). Dans la partie inférieure de la nef, on remarque des nervures aux voûtes, des faisceaux de colonnes, des chapiteaux historiés; mais dans les quatre dernières travées les chapiteaux se réduisent à des tailloirs, les piliers, sauf deux, sont à angles droits, et les voûtes manquent de nervures croisées. La coupole est comprise entre quatre arcs, cintrés, de même forme et d'égale dimension. Deux de ces arcs s'ouvrent sur le transsept; le troisième forme l'entrée de la nef et le quatrième celle de l'abside. A la conque de l'abside sont de curieuses peintures du XIIIᵉ s. (le Christ, les Évangélistes et des scènes de l'Apocalypse). A l'extrémité des bas côtés sont des chapelles arrondies comme l'abside du milieu. Le portail (XIIᵉ s.) est orné de la statue de saint Loup appuyée au trumeau de la porte et de statues ornant les jambages; les figures de la Vierge, du Christ et des Évangélistes occupent le tympan, et les voussures de l'ogive sont remplies par trois rangs de figures d'une belle exécution. — Ruines d'un château fort dans les bois de Montaiguillon.

**Lourps**, 344 h., c. de Provins. ⟶ Petite église du XIIIᵉ s. — Château. — Viaduc courbe sur la Voulzie, 486 m. de long., 20 m. de haut, 42 arches.

**Luisetaines**, 233 h., c. de Donnemarie.

**Lumigny**, 447 h., c. de Rozoy. ⟶ Château où Charles IX tint une assemblée en 1572.

**Luzancy**, 474 h., c. de la Ferté-sous-Jouarre.

**Machault**, 888 h., c. du Châtelet. ⟶ Église reconstruite au XVIᵉ s. — Restes d'un château fort.

**Madeleine (La)**, 255 h., c. de Château-Landon.

**Magny-le-Hongre**, 174 h., c. de Crécy.

**Maincy**, 995 h., c. (nord) de Melun. ⟶ Château de Vaux-Praslin, construit par Levau pour le surintendant Fouquet; peintures de Lebrun et de Mignard; parc dessiné par Le Nôtre.

**Maisoncelles**, 411 h., c. de Coulommiers. ⟶ Église du XIIIᵉ s.; bas-relief de la même époque.

**Maisoncelles**, 175 h., c. de Château-Landon.

**Maison-Rouge**, 565 h., c. de Nangis.

**Mammès (Saint-)**, 1,000 h., au confluent de la Seine et du Loing, c. de Moret. ⟶ Viaduc: 30 arches de

## DICTIONNAIRE DES COMMUNES.

10 m. de haut; 2 arches en fonte donnent passage au canal du Loing. — Église en partie romane.

**Marchémoret**, 126 h., c. de Dammartin.

**Marcilly**, 544 h., c. de Lizy-sur-Ourcq.

**Mard (Saint-)**, 444 h., c. de Dammartin.

**Marets (Les)**, 233 h., c. de Villiers-Saint-Georges.

**Mareuil-lès-Meaux**, 500 h., c. de Meaux.

**Marles**, 458 h., c. de Rozoy. ⟶ Église du xv$^e$ s.

**Marolles**, 400 h., c. de la Ferté-Gaucher. ⟶ Ruines d'un château gothique de Motteux.

**Marolles-sur-Seine**, 596 h., c. de Montereau. ⟶ Église du xiii$^e$ s.

**Mars (Saint-)**, 262 h., c. de la Ferté-Gaucher.

**Martin-Chennetron (Saint-)**, 257 h., c. de Villiers-Saint-Georges.

**Martin-des-Champs (Saint-)**, 447 h., c. de la Ferté-Gaucher.

**Martin-du-Boschet (Saint-)**, 373 h., c. de Villiers-Saint-Georges.

**Martin-en-Bière (Saint-)**, 443 h., c. (sud) de Melun.

**Martin-lès-Voulangis (Saint-)**, 584 h., c. de Crécy.

**Mary-sur-Marne**, 360 h., c. de Lizy-sur-Ourcq.

**Maupertuis**, 281 h., c. de Coulommiers. ⟶ Château ruiné.

**Mauregard**, 143 h., c. de Dammartin.

**May-en-Multien**, 893 h., c. de Lizy-sur-Ourcq. ⟶ Église des xii$^e$ et xvi$^e$ s. — Ruines du château de Gèvre-le-Duc.

**Meaux**, 11,739 h., sur la Marne et le canal de l'Ourcq, ch.-l. d'arr. et de c. ⟶ La *Cathédrale* est dédiée à *saint Étienne*. Les parties les plus anciennes de l'église actuelle remontent au xii$^e$ s. La construction s'est continuée jusqu'au xvi$^e$ s. en passant par la période du gothique flamboyant, dont l'ornementation domine dans la façade. Celle-ci offre trois portails à voussures profondes, et décorées, ainsi que les tympans, de sculptures fort endommagées. Une rose du style flamboyant, inscrite dans une grande ogive, remplit la partie centrale, et l'ogive est couronnée par une balustrade au-dessus de laquelle s'élève le pignon de la nef. Le portail de gauche est moins élevé que les deux autres. La tour du nord, seule exécutée, a 70 m. de hauteur. Les premiers étages offrent, jusqu'à la naissance du pignon, une décoration uniforme très-riche. Les deux étages supérieurs sont percés de fenêtres ogivales. Au-dessus du portail du sud, clocher fort laid, qu'on nomme la *tour noire*. L'aile du nord est cachée en grande partie par des constructions parasites. La porte latérale du sud, à voussures profondes comme celles de la façade, est ornée de bas-reliefs et de statues.

A l'intérieur, l'édifice, qui mesure 84 m. 35 c. de longueur sur 41 m. de largeur et 31 m. 50 c. de hauteur sous voûte, présente l'ensemble le plus harmonieux. Il se compose d'une nef principale, de quatre bas côtés fort élevés, d'un beau transsept, du chœur et du sanctuaire. Les arcades sont surmontées d'un triforium de différents styles, qui s'étend également autour du transsept. Le chœur, partie la plus remarquable de l'église, comprend trois travées indiquées de chaque côté, comme dans la nef, par des colonnes élancées montant jusqu'à la voûte. Entre les travées et formant la clôture du chœur, sur les bas côtés, s'élève un double étage d'arcades ogivales. Autour du sanctuaire rayonnent cinq chapelles. Parmi les chapelles de la nef, qui datent du xiv$^e$ et du xv$^e$ s., on remarque la chapelle de la Vierge ; la chapelle de sainte Geneviève, où se trouve une belle dalle tumulaire ; la chapelle fondée par Jean Rose au xiv$^e$ s.; la chapelle de saint Martin, ornée de peintures sur bois par Senelle ; la chapelle des fonts et la chapelle de saint Éloi.

Une arcade supporte le buffet d'orgues construit en 1627. Nous citerons encore la petite *porte Maugarni*, du xv$^e$ s.; la verrière du croisillon méridional ; la chaire, très-simple mais reconstruite avec les panneaux de celle où prêcha Bossuet ; enfin le monument élevé, en 1822, à la mémoire de l'illustre prélat. — L'*Évêché*, dont quelques parties appartiennent au xvii⁰ s., mais reposent sur des constructions plus anciennes. On y remarque de belles salles basses, à voûtes en ogive, dont les arêtes retombent sur un pilier central isolé, et du côté du jardin, au rez-de-chaussée, une suite d'arcades ogivales, supportées par d'élégantes colonnes à chapiteaux finement sculptés. — Le *bâtiment de la maîtrise* (mon. hist.) ne remonte pas au delà du xiii⁰ s., selon M. de Caumont. Il se compose de quatre étages. Le premier, en contre-bas, contient une magnifique salle divisée en deux nefs. — *Hôtel de ville* (1842). — *Couvents* transformés en magasins. — *Église Saint-Remi* (xv⁰ et xvi⁰ s.), faisant partie du grand séminaire. — *Moulins* pittoresques, sur le lit même de la Marne. — *Maisons* des xv⁰ et xvi⁰ s. — Restes de l'enceinte gallo-romaine.

**Mée (Le)**, 654 h., c. (nord) de Melun.

**Meigneux**, 220 h., c. de Donnemarie.

**Meilleray**, 402 h., c. de la Ferté-Gaucher. ⟶ La *Pierre-aux-Fées*, monument mégalithique (?).

**Melun**, 11,241 h., ch.-l. de dép., d'arr. et de deux c., sur la Seine. ⟶ Églises : *Notre-Dame-en-l'Ile*, commencée en 1160 (la base du transsept et des tours et une partie de la nef remontent au x⁰ s.), remaniée au xv⁰ s., présente la simplicité de l'architecture romane. On remarque deux tours romanes restaurées avec goût.

L'*église de Saint-Aspais*, du xv⁰ ou du xvi⁰ s., offre, de chaque côté de la grande nef, des collatéraux que supportent des colonnes d'une délicatesse remarquable. Le chœur a de beaux vitraux du xvi⁰ s. — Restes du *prieuré de Saint-Sauveur* (Renaissance). *Prison centrale*. — *Hôtel de ville* (1838); dans la cour, statue d'Amyot. — *Préfecture* moderne. — *Maison* où naquit Amyot (1514).

**Melz-sur-Seine**, 519 h., c. de Villiers-Saint-Georges.

**Méry (Saint-)**, 416 h., c. de Mormant.

**Méry-sur-Marne**, 500 h., c. de la Ferté-sous-Jouarre. ⟶ Église du xii⁰ s.

**Mesmes (Saint-)**, 224 h., c. de Claye.

**Mesnil-Amelot (Le)**, 516 h., c. de Dammartin. ⟶ Église du xvi⁰ s.; portail orné de guirlandes de feuillage.

**Messy**, 465 h., c. de Claye.

**Misy-sur-Yonne**, 552 h., c. de Montereau. ⟶ Château du xv⁰ s.

**Mitry-Mory**, 1820 h., c. de Claye. ⟶ Église des xv⁰ et xvi⁰ s., avec bas-reliefs. — Château de Bois-le-Vicomte, bâti par Richelieu.

**Moisenay**, 750 h., c. du Châtelet. ⟶ Église du xiii⁰ s., flèche en pierre.

**Moissy-Cramayel**, 829 h., c. de Brie-Comte-Robert.

**Mondreville**, 455 h., c. de Château-Landon.

**Mons**, 405 h., c. de Donnemarie.

**Montarlot**, 171 h., c. de Moret.

**Montceaux**, 396 h., c. de Meaux. ⟶ Restes d'un château du xvi⁰ s., bâti par Catherine de Médicis et donné par Henri IV à Gabrielle d'Estrées. — Chapelle du xv⁰ s. (mon. hist.).

**Montceaux-lès-Provins**, 414 h., c. de Villiers-Saint-Georges.

**Mont-Dauphin**, 342 h., c. de Rebais.

**Montenils**, 72 h., c. de Rebais.

**Montereau-faut-Yonne**, 7,041 h., ch.-l. de c., arr. de Fontainebleau. ⟶ Église (mon. hist.) des xiii⁰ et xiv⁰ s. pour la partie inférieure, du xv⁰ et du xvi⁰ s. pour la partie supérieure; portail de la Renaissance restauré sous Louis-Philippe. — Ponts; entre les deux ponts, statue de Napoléon I⁰ʳ. — Château de Surville, dans une belle position.

**Montereau-sur-Jard**, 257 h., c. (nord) de Melun. ⟶ Croix du xiii⁰ s.

**Montevrain**, 541 h., c. de Lagny. ⟶ Église en partie du xi⁰ s.

**Montgé**, 624 h., c. de Dammartin.

**Monthyon**, 899 h., c. de Dammartin. ⟶ Restes d'un château féodal.

**Montigny-Lencoup**, 1,065 h., c. de Donnemarie. ⟶ Église dont la nef est romane ; beau chœur du xvi⁰ s.

**Montigny-le-Guesdier**, 371 h., c. de Bray-sur-Seine.

**Montigny-sur-Loing**, 865 h., c. de Moret. ⟶ Église des XIIIe et XVe s.
**Montmachoux**, 278 h., c. de Lorrez-le-Bocage.
**Montolivet**, 566 h., c. de la Ferté-Gaucher.
**Montry**, 411 h., c. de Crécy.

**Moret**, 1,855 h., au confluent du Loing, du canal du Loing et de l'Orvanne, ch.-l. de c., arr. de Fontainebleau. ⟶ Portes de Paris et de Bourgogne (mon. hist. du XIVe s.), restes des fortifications. ⟶ Église (mon. hist.); chœur de la fin du XIIe s., œils ajourés

Cathédrale de Meaux.

servant de triforium, fenêtres à meneaux aux pignons du transsept; boiseries des orgues (XVe s.). — Hospice; porte ogivale du XIIe s. — Deux maisons en bois sculpté; maisons de la Renaissance. — Vieux donjon du XIIe s., remanié au XIVe s. — Ancien pont.
**Mormant**, 1,380 h., ch.-l. de c., arr. de Melun. ⟶ Église du XIIIe s. avec tour carrée et flèche élégante.

**Mortcerf**, 816 h., c. de Rozoy. ⟶ Restes d'un château fort.
**Mortery**, 165 h., c. de Provins. ⟶ Église du XIIe s.
**Mouroux**, 1,616 h., c. de Coulommiers. ⟶ Église du XIIIe s.
**Mousseaux-lès-Bray**, 353 h., c. de Bray-sur-Seine.
**Moussy-le-Neuf**, 494 h., c. de Dammartin. ⟶ Église servant de gran

ge, vaisseau de 1210 ; portail du xvie s.

**Moussy-le-Vieux**, 283 h., c. de Dammartin. ⟶ Dans l'église, tombeau avec deux statues.

**Moutils**, 155 h., c. de la Ferté-Gaucher.

**Mouy-sur-Seine**, 415 h., c. de Bray-sur-Seine.

**Nandy**, 395 h., c. (nord) de Melun.

**Nangis**, 2,578 h., ch.-l. de c., arr. de Provins. ⟶ Église gothique, arcades ogivales du chœur, beau triforium du xiiie s. — Restes du château (xve et xviie s.). — Vieilles halles.

**Nanteau-sur-Essonne**, 525 h., c. de la Chapelle-la-Reine.

**Nanteau-sur-Lunain**, 420 h., c. de Nemours.

**Nanteuil-lès-Meaux**, 1,178 h., c. de Meaux.

**Nanteuil-sur-Marne**, 555 h., c. de la Ferté-sous-Jouarre. ⟶ Tunnel de 949 m. de longueur.

**Nantouillet**, 229 h., c. de Claye. ⟶ Église (xviie s.), portail à colonnes corinthiennes. — Château (mon. hist.) bâti par le cardinal Duprat, précieux reste de l'architecture élégante et si originale du xvie s.

**Nemours**, 5,871 h., ch.-l. de c., arr. de Fontainebleau. ⟶ Château (xiie et xve s.) servant de prison. — Église *Saint-Jean* (xve s.) ; haute flèche en ardoises.

**Nesles-la-Gilberde**, 401 h., c. de Rozoy.

**Neufmontiers**, 520 h., c. de Meaux.

**Neufmoutiers**, 579 h., c. de Rozoy. ⟶ Église du xve s.

**Noisiel**, 655 h., c. de Lagny.

**Noisy-le-Sec**, 293 h., c. de Lorrez-le-Bocage.

**Noisy-sur-École**, 559 h., c. de la Chapelle-la-Reine.

**Nonville**, 293 h., c. de Nemours.

**Noyen-sur-Seine**, 505 h., c. de Bray-sur-Seine.

**Obsonville**, 175 h., c. de Château-Landon.

**Ocquerre**, 320 h., c. de Lizy-sur-Ourcq. ⟶ Château de la Trousse ; dans la chapelle, peinture de Mignard.

**Oissery**, 432 h., c. de Dammartin. ⟶ Église du xiiie s.

**Orly**, 401 h., c. de Rebais. ⟶ Église du xiie s., avec portail à plein cintre.

**Ormeaux**, 237 h., c. de Rozoy. ⟶ Ruines d'un château.

**Ormes (Les)**, 819 h., c. de Bray-sur-Seine.

**Ormesson**, 157 h., c. de Nemours.

**Othis**, 250 h., c. de Dammartin. ⟶ Église (mon. hist.) de la Renaissance ; portail élégant.

**Ouen (Saint-)**, 502 h., c. de Mormant.

**Ouen-sur-Morin (Saint-)**, 251 h., c. de Rebais.

**Ozoir-la-Ferrière**, 652 h., c. de Tournan.

**Ozouer-le-Repos**, 290 h., c. de Mormant. ⟶ Château (xviie s.).

**Ozouer-le-Voulgis**, 874 h., c. de Tournan. ⟶ Belle église de la Renaissance.

**Paley**, 486 h., c. de Lorrez-le-Bocage. ⟶ Château ancien. — Restes de thermes romains.

**Paroy-Jutigny**, 135 h., c. de Donnemarie. ⟶ Église du xiie s.

**Passy-sur-Seine**, 92 h., c. de Bray-sur-Seine.

**Pathus (Saint-)**, 504 h., c. de Dammartin. ⟶ Église romane du xiie s. ; statue du patron de l'église en costume ecclésiastique du xve s.

**Pécy**, 577 h., c. de Nangis.

**Penchard**, 380 h., c. de Meaux.

**Perthes**, 718 h., c. (sud) de Melun.

**Pézarches**, 205 h., c. de Rozoy. ⟶ Église du xve s.

**Pierre-lès-Nemours (Saint-)**, 815 h., c. de Nemours. ⟶ Église du xiiie s. — A Chaintreauville, magnifiques rochers et source très-abondante.

**Pierrelevée**, 455 h., c. de la Ferté-sous-Jouarre. ⟶ Ferme de Nolongues, ancien manoir du xve s.

**Pierrelez**, 58 h., c. de Villiers-Saint-Georges.

**Pin (Le)**, 404 h., c. de Claye. ⟶ Église du xve s.

**Plessis-aux-Bois (Le)**, 150 h., c. de Claye. ⟶ Château du xve s.

**Plessis-Feu-Aussoux (Le)**, 256 h., c. de Rozoy. ⟶ Ruines d'un château.

**Plessis-l'Évêque (Le)**, 120 h., c. de Dammartin.

**Plessis-Placy (Le)**, 532 h., c. de Lizy-sur-Ourcq.

**Poigny**, 214 h., c. de Provins. ⟶ Restes d'un couvent.

**Poincy**, 134 h., c. de Meaux.

**Poligny**, 479 h., c. de Nemours.

**Pommeuse**, 1,030 h., c. de Coulommiers. ⟶ Château (xvi⁰ s.). — Puits artésien.

**Pomponne**, 481 h., c. de Lagny.

**Pontault**, 640 h., c. de Tournan. ⟶ Église (xiii⁰ et xiv⁰ s.).

Grosse-Tour, à Provins.

**Pontcarré**, 509 h., c. de Tournan.

**Préaux**, 190 h., c. de Lorrez-le-Bocage.

**Précy-sur-Marne**, 208 h., c. de Claye. ⟶ Petite église du xii⁰ s.

**Presles**, 584 h., c. de Tournan. ⟶ Église du xiii⁰ s., avec grosse tour du xvi⁰ s. — Au moulin de Villegenart, es eaux de la rivière de Tournan se perdent dans un gouffre.

**Pringy**, 522 h., c. (sud) de Melun. ⟶ Église ogivale de la fin du xiii⁰ s. restaurée; tombeau de Michel de Castellane; vierge noire, en bois (xv⁰ s.?).

**Provins**, 7,595 h., sur le Durctin et la Voulzie. ⟶ Ruines de l'ancienne enceinte. — *Tour de César* (mon. hist.) servant de clocher à l'église Saint-Quiriace. C'est un des donjons les plus curieux du xii⁰ s. — *Porte Saint-Jean*,

*Tour aux Engins*. — Église de *Saint-Quiriace* commencée en 1160, nef à deux travées, moins longue que le chœur, de même que dans beaucoup d'églises canoniales. Le chœur, du XII° ou XIII° s., présente un mélange du plein cintre et de l'ogive; sous les trois chapelles du chevet, crypte dont la partie centrale est moderne. — Église de *Sainte-Croix*, cinq nefs et pas de transsept; les trois nefs intérieures sont du XIII° s.; celle du nord et le portail correspondant sont de la fin du XV° s.; celle du sud, le chœur et les chapelles qui l'entourent, du XVI° s.; *Saint-Ayoul*, transsept et tour du XI° s., nefs des XIII°, XIV° et XVI° s., sur la porte principale, statues mutilées. — Couvent du XIII° s. (aujourd'hui palais de justice), cloître (mon. hist.). — Restes du *palais des comtes de Champagne* (collége communal). — *Grange aux Dîmes* (mon. hist.), du XIII° s.; curieuse construction divisée en deux parties : l'une souterraine, l'autre au niveau du sol. — *Hôtel Vauluisant* et autres *maisons* du XIII° s. — *Hôpital général*, ancien couvent; dans l'église, monument funéraire. — *Joli théâtre.* — *Fontaine* à vasque du XII° s., devant l'*Hôtel-Dieu*, en partie de la même époque.

**Puisieux**, 360 h., c. de Lizy-sur-Ourcq.

**Quiers**, 293 h., c. de Mormant.

**Quincy-Ségy**, 1,573 h., c. de Crécy.

**Rampillon**, 662 h., c. de Nangis. ⟶ Église (mon. hist.) du XIII° s.; portail sculpté.

**Réau**, 449 h., c. de Brie-Comte-Robert. ⟶ Église du XIV° s.

**Rebais**, 1,219 h., entre le Grand et le Petit-Morin, ch.-l. de c., arr. de Coulommiers. ⟶ Église dont le chœur paraît être du XII° s., statue de saint Aile du XIII° s.

**Recloses**, 598 h., c. de Chapelle-la-Reine. ⟶ Dans l'église du XIII° s., remaniée, retable de Jacques Ségogne.

**Remauville**, 441 h., c. de Lorrez-le-Bocage. ⟶ Ancien château.

**Remy (Saint-)**, 901 h., c. de la Ferté-Gaucher.

**Reuil**, 376 h., c. de la Ferté-sous-Jouarre. ⟶ Église en partie du XIII° s. — Ruines d'un prieuré du XII° s.

**Rochette (La)**, 168 h., c. (sud) de Melun.

**Roissy**, 409 h., c. de Tournan. ⟶ Ruines du prieuré du Cormier.

**Rouilly**, 277 h., c. de Provins. ⟶ Jolie villa de la Margotière.

**Rouvres**, 199 h., c. de Dammartin.

**Rozoy-en-Brie**, 1,595 h., ch.-l. de c., arr. de Coulommiers. ⟶ Église (mon. hist.) du XIII° s., élégante et riche d'ornements.

**Rubelles**, 195 h., c. (nord) de Melun. ⟶ Église du XIII° ou du XIV° s.

**Rumont**, 250 h., c. de la Chapelle-la-Reine. ⟶ Dolmen.

**Rupéreux**, 159 h., c. de Villiers-Saint-Georges.

**Saacy-sur-Marne**, 1,281 h., c. de la Ferté-sous-Jouarre.

**Sablonnières**, 696 h., c. de Rebais. ⟶ Église du XII° s., agrandie au XVI° s.

**Saints**, 884 h., c. de Coulommiers. ⟶ Dans l'église, vitrail du XVI° s.

**Salins**, 495 h., c. de Montereau. ⟶ Église du XII° s.; tombeau d'un chevalier et d'une châtelaine orné de figures en ronde bosse.

**Sammeron**, 451 h., c. de la Ferté-sous-Jouarre.

**Samois**, 1,092 h., c. de Fontainebleau.

**Samoreau**, 556 h., c. de Fontainebleau. ⟶ Ancien château des Pressoirs-du-Roi (XV° s.).

**Sancy**, 182 h., c. de Crécy.

**Sancy**, 588 h., c. de Villiers-Saint-Georges.

**Sauveur-lès-Bray (Saint-)**, 191 h., c. de Bray-sur-Seine.

**Sauveur-sur-École (Saint-)**, 599 h., c. (sud) de Melun.

**Savigny-le-Temple**, 615 h., c. (nord) de Melun. ⟶ Château de la Grange-la-Prévôté.

**Savins**, 499 h., c. de Donnemarie. ⟶ Église du XIII° s., sculptures de la Renaissance, châsse de saint Lié.

**Seine-Port** ou **Saint-Port**, 745 h., c. (nord) de Melun. ⟶ Château de Sainte-Assise. — Pavillon Royal; vue magnifique. — Débris du pavillon Bouret.

**Sept-Sorts**, 152 h., c. de la Ferté-sous-Jouarre.

**Serris**, 268 h., c. de Crécy.
**Servon**, 355 h., c. de Brie-Comte-Robert. ⟶ Église du XIIIᵉ s.
**Signy-Signets**, 557 h., c. de la Ferté-sous-Jouarre.
**Sigy**, 95 h., c. de Donnemarie. ⟶ Église du XVIᵉ ou du commencement du XVIIᵉ s. — Château avec tours et fossés.
**Siméon (Saint-)**, 674 h., c. de la Ferté-Gaucher.
**Sivry-Courtry**, 594 h., c. du Châtelet.
**Soignolles**, 622 h., c. de Brie-Comte-Robert. ⟶ Église du XIIIᵉ s.
**Sognolles**, 452 h., c. de Donnemarie. ⟶ Église du XIIIᵉ s., avec trois nefs.
**Soisy**, 116 h., c. de Bray-sur-Seine.
**Solers**, 520 h., c. de Tournan.
**Souppes**, 2483 h., c. de Château-Landon. ⟶ Église du XIIIᵉ s., belle chaire en bois, retable sculpté.
**Soupplets (Saint-)**, 855 h., c. de Dammartin.
**Sourdun**, 880 h., c. de Villiers-Saint-Georges. ⟶ Église du XVIᵉ s.
**Tancrou**, 364 h., c. de Lizy-sur-Ourcq. ⟶ Église de la Renaissance.
**Thenizy**, 418 h., c. de Donnemarie. ⟶ Église du XVIᵉ s. — Deux portes à tourelles.
**Thibault-les-Vignes (Saint-)**, 190 h., c. de Lagny. ⟶ Église ; porte romane.
**Thieux**, 385 h., c. de Dammartin.
**Thomery**, 943 h., c. de Moret.
**Thorigny**, 976 h., c. de Lagny.
**Thoury-Férottes**, 585 h., c. de Lorrez-le-Bocage. ⟶ Deux menhirs ; le plus grand, haut de 4ᵐ,35, est appelé *Pierre Cornoise*.
**Tigeaux**, 220 h., c. de Rozoy.
**Tombe (La)**, 250 h., c. de Bray-sur-Seine.
**Torcy**, 979 h., c. de Lagny.
**Touquin**, 771 h., c. de Rozoy. ⟶ La grande fontaine, source de l'Yères.
**Tournan**, 1764 h., ch.-l. de c., arr. de Melun. ⟶ Église du XIIIᵉ ou du commencement du XIVᵉ s. — Restes d'un ancien château (mairie).
**Tousson**, 479 h., c. de la Chapelle-la-Reine. ⟶ Ancien château.

**Trétoire (La)**, 561 h., c. de Rebais.
**Treuzy**, 509 h., c. de Nemours.
**Trilbardou**, 416 h., c. de Claye. ⟶ Église et château très-anciens. — Pompes sur la Marne alimentant le canal de l'Ourcq.
**Trilport**, 955 h., c. de Meaux. ⟶ Église du XIVᵉ s., restaurée en 1819. — Pont du chemin de fer sur la Marne (70 m.), et au delà du tunnel d'Armentières (672 m.), deuxième pont de 70 m.
**Trocy**, 178 h., c. de Lizy-sur-Ourcq. ⟶ Restes de fortifications ; vieille porte sur la route de Meaux.
**Ury**, 586 h., c. de la Chapelle-la-Reine.
**Ussy-sur-Marne**, 607 h., c. de la Ferté-sous-Jouarre. ⟶ Église de la Renaissance, clocher du XIIIᵉ s.
**Vaires**, 265 h., c. de Lagny. ⟶ Église : épitaphes du XIIIᵉ s. — Château du XVIᵉ s.
**Valence-en-Brie**, 914 h., c. du Châtelet.
**Vanvillé**, 169 h., c. de Nangis. ⟶ Église du XVᵉ s.
**Varennes**, 561 h., c. de Montereau. ⟶ Ancien château.
**Varreddes**, 1,028 h., c. de Meaux.
**Vaucourtois**, 191 h., c. de Crécy.
**Vaudoué (Le)**, 591 h., c. de la Chapelle-la-Reine.
**Vaudoy**, 823 h., c. de Rozoy. ⟶ Église (mon. hist.) du XIIIᵉ s., chœur remarquable. — Châteaux de Courtavenel et de la Grange-Menant. — Anciens châteaux transformés en fermes.
**Vaux-le-Pénil**, 807 h., c. (nord) de Melun. ⟶ Église en partie du XIIᵉ s.
**Vaux-sous-Coulombs**, 166 h., c. de Lizy-sur-Ourcq. ⟶ Église des XIIᵉ-XVIᵉ s.
**Vaux-sur-Lunain**, 235 h., c. de Lorrez-le-Bocage.
**Vendrest**, 707 h., c. de Lizy-sur-Ourcq.
**Veneux-Nadon**, 980 h., c. de Moret.
**Verdelot**, 1,100 h., c. de Rebais. ⟶ Grande église du XVIᵉ s. — Châteaux de la Roche et de Launoy-Renault (1560).
**Verneuil**, 350 h., c. de Mormant.
**Vernou**, 618 h., c. de Moret.
**Vert-Saint-Denis**, 702 h., c. (nord) de Melun. ⟶ Ruines d'une ancienne forteresse.

**Vieux-Champagne**, 200 h., c. de Nangis.
**Vieux-Maisons**, 185 h., c. de Villiers-Saint-Georges.
**Vignely**, 110 h., c. de Claye. ⇢ Dans l'église du xviii⁰ s., tombeau de saint Hildevert, évêque de Meaux.
**Vilbert**, 298 h., c. de Rozoy.
**Ville-Saint-Jacques**, 639 h., c. de Moret.
**Villebéon**, 608 h., c. de Lorrez-le-Bocage.
**Villecerf**, 512 h., c. de Moret.
**Villegagnon**, 157 h., c. de Nangis. ⇢ Ruines d'un château.
**Villegruis**, 292 h., c. de Villiers-Saint-Georges.
**Villemaréchal**, 672 h., c. de Lorrez-le-Bocage.
**Villemareuil**, 239 h., c. de Crécy.
**Villemer**, 493 h., c. de Moret. ⇢ Église du xvi⁰ s., dont le chœur et le sanctuaire sont du xiii⁰ s.
**Villenauxe-la-Petite**, 569 h., c. de Bray-sur-Seine. ⇢ Église du xiv⁰ s., belles boiseries sculptées.
**Villeneuve-le-Comte**, 991 h., c. de Rozoy, ville bâtie sur plan régulier au xiii⁰ s. ⇢ Église (mon. hist.) du xiii⁰ s.: trois nefs et trois absides; curieuses pierres tombales.
**Villeneuve-les-Bordes**, 414 h., c. de Donnemarie.
**Villeneuve-Saint-Denis**, 565 h., c. de Rozoy. ⇢ Château féodal de la Guette.
**Villeneuve-sous-Dammartin**, 404 h., c. de Dammartin. ⇢ Église, tombe d'un évêque (xvi⁰ s.).
**Villeneuve-sous-Bellot**, 889 h., c. de Rebais. ⇢ Église du xiv⁰ s.; clocher du xvi⁰.
**Villenoy**, 896 h., c. de Meaux. ⇢ Dans le parc du château de Rutel, restes du château de Dormans. — Église en partie du xiv⁰ s.

**Villeparisis**, 898 h., c. de Claye. ⇢ Château du xvii⁰ s.
**Villeroy**, 264 h., c. de Claye.
**Villevaudé**, 637 h., c. de Claye.
**Villiers-en-Bière**, 96 h., c. (sud) de Melun. ⇢ Église du xiii⁰ s., tombe de Destouches.
**Villiers-saint-Georges**, 959 h., ch.-l. de c., arr. de Provins. ⇢ Église des xii⁰ et xiii⁰ s. — Château du xv⁰ s.
**Villiers-sous-Grez**, 654 h., c. de la Chapelle-la-Reine.
**Villiers-sur-Morin**, 622 h., c. de Crécy.
**Villiers-sur-Seine**, 485 h., c. de Bray-sur-Seine.
**Villuis**, 396 h., c. de Bray-sur-Seine.
**Vimpelles**, 659 h., sur le ru de Volangy, occupant l'ancien lit de la Seine, c. de Donnemarie. ⇢ Église des xiv⁰ et xvi⁰ s., beau clocher carré avec flèche (xvi⁰ s.). — Pont de 12 travées sur l'ancien lit de la Seine.
**Vinantes**, 237 h., c. de Dammartin. ⇢ Belles sources.
**Vincy-Manœuvre**, 160 h., c. de Lizy-sur-Ourcq.
**Voinsles**, 466 h., c. de Rozoy. ⇢ Château du Breuil.
**Voisenon**, 340 h., c. (nord) de Melun. ⇢ Le Jard, manoir du xii⁰ s., modernisé.
**Voulton**, 454 h., c. de Villiers-Saint-Georges. ⇢ Église (mon. hist.) en partie du xiii⁰ s., restaurée.
**Voulx**, 1,185 h., c. de Lorrez-le-Bocage. ⇢ Église des xiii⁰ et xvi⁰ s. nouvellement restaurée. — Anciens murs d'enceinte, tours, portes et poternes.
**Vulaines**, 160 h., c. de Provins.
**Vulaines-sur-Seine**, 292 h., c. de Fontainebleau.
**Yèbles**, 345 h., c. de Mormant. ⇢ Église du xiv⁰ s.: haute tour.

---

[20286] Typographie Lahure, rue de Fleurus, 9, à Paris.

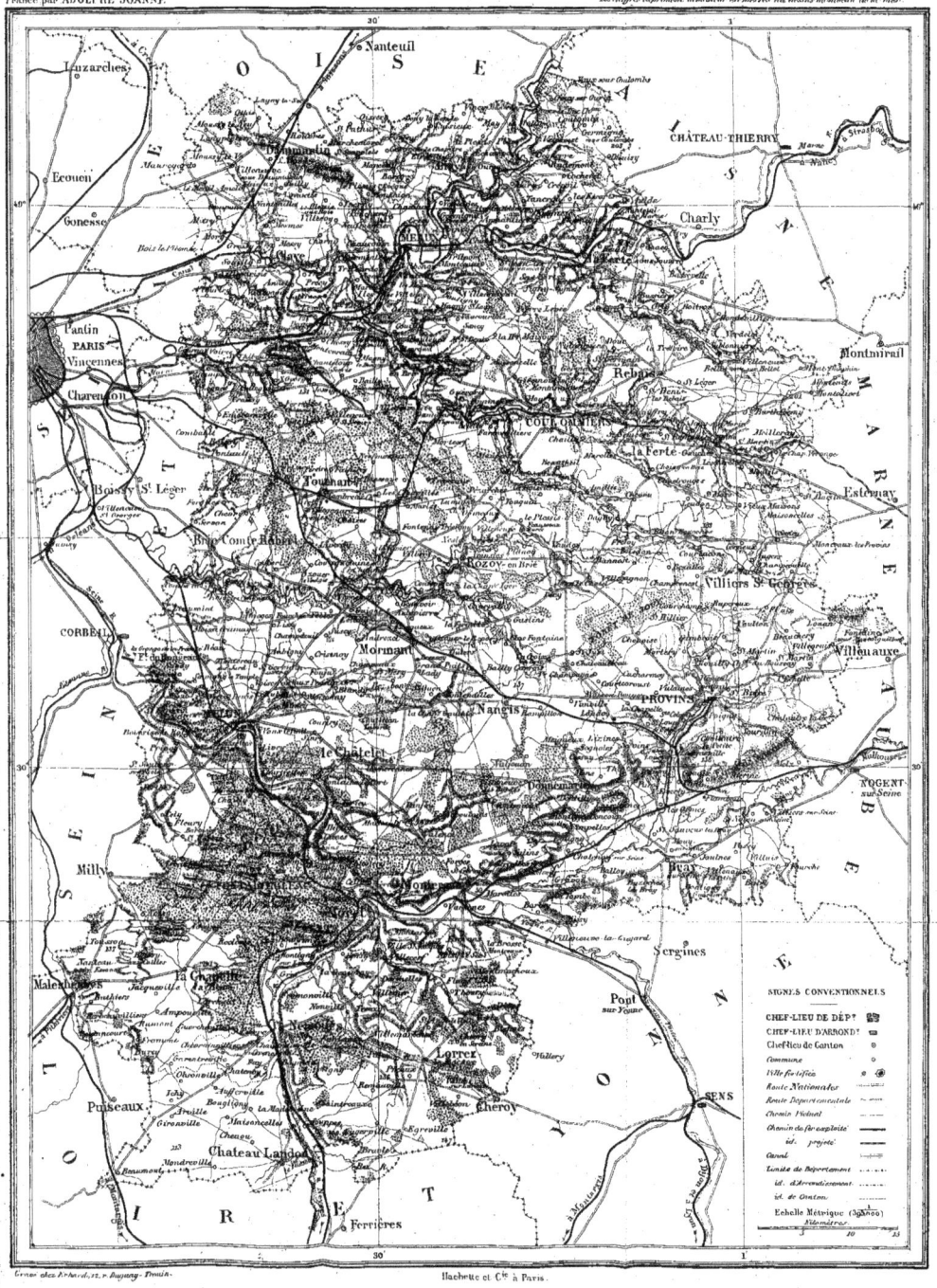

# LIBRAIRIE HACHETTE ET Cie
A PARIS, BOULEVARD SAINT-GERMAIN, 79

## NOUVELLE COLLECTION DE GÉOGRAPHIES DÉPARTEMENTALES

### PAR AD. JOANNE

FORMAT IN-12 CARTONNÉ

Prix de chaque volume. . . . . . . . . . 1 fr.

(*Octobre* 1877)

37 départements sont en vente.

### EN VENTE

| | | | | | | |
|---|---|---|---|---|---|---|
| Ain. | 11 gravures, | 1 carte. | Jura. | 12 gravures, | 1 carte. |
| Aisne. | 19 | — 1 — | Landes | 16 | — 1 — |
| Allier. | 27 | — 1 — | Loire. | 14 | — 1 — |
| Aube. | 14 | — 1 — | Loire-Inférieure. | 20 | — 1 — |
| Basses-Alpes. | 11 | — 1 — | Loiret. | 22 | — 1 — |
| Bouch.-du-Rhône | 27 | — 1 — | Maine-et-Loire. | 24 | — 1 — |
| Cantal. | 14 | — 1 — | Meurthe. | 31 | — 1 — |
| Charente. | 28 | — 1 — | Nord. | 20 | — 1 — |
| Charente-Infér. | 14 | — 1 — | Oise. | 10 | — 1 — |
| Corrèze. | 11 | — 1 — | Pas-de-Calais. | 16 | — 1 — |
| Côte-d'Or. | 29 | — 1 — | Puy-de-Dôme. | 16 | — 1 — |
| Deux-Sèvres. | 14 | — 1 — | Rhône. | 16 | — 1 — |
| Dordogne. | 14 | — 1 — | Saône-et-Loire. | 25 | — 1 — |
| Gironde. | 15 | — 1 — | Seine-et-Marne. | 15 | — 1 — |
| Haute-Saône. | 12 | — 1 — | Seine-et-Oise. | 25 | — 1 — |
| Haute-Vienne. | 10 | — 1 — | Seine-Inférieure. | 20 | — 1 — |
| Indre-et-Loire. | 10 | — 1 — | Somme. | 12 | — 1 — |
| Ille-et-Vilaine. | 14 | — 1 — | Vienne. | 15 | — 1 — |
| Isère. | 10 | — 1 — | Vosges. | 17 | — 1 — |

### EN PRÉPARATION

Ardèche — Côtes-du-Nord — Doubs — Finistère — Loir-et-Cher
Morbihan

## ATLAS DE LA FRANCE
### CONTENANT 95 CARTES

(1 carte générale de la France, 89 cartes départementales, 1 carte de l'Algérie et 4 cartes des Colonies)

TIRÉES EN 4 COULEURS ET 94 NOTICES GÉOGRAPHIQUES ET STATISTIQUES

1 beau volume in-folio, cartonné : 40 fr.

Chaque carte se vend séparément. . . . . . . . . . 50 c.

TYPOGRAPHIE LAHURE, RUE DE FLEURUS, 9, A PARIS.